はじめに

いつもありがとうございます。ポジティブ作家の百川怜央です。

毎日のポジティブ思考の実践のおかげさまで、私同様みなさまも日々最高の生活を送っていらっしゃることと思います。

さて、今作では、ポジティブ思考の具体的な実践例として、私みずから『ポジティブ勉強術』に取り組んでみましたので、みなさまにご報告させていただきます。

実は私は、ポジティブ作家の肩書きの他に、教育者の肩書きをもっています。

「勉強の実践の場面で、何かポジティブ思考を役立てさせていただくことはできないだろうか」

このような思いから今作では、本来の専門外の英語の学習に取り組ませていただきました。（教育面での専門は、国語なのです）

挑戦させていただいたのは、TOEIC® テスト。

社会人や大学生などに、日本で最も人気のある英語試験の1つですね。今年の3月にはじめてチャレンジし、2か月ごとの受験で9月までの半年で計4回の試験に挑戦させていただきました。

結果は、TOEIC® テスト半年の取り組みで500点台から700点台へ。

なんと100点以上の得点アップに成功させていただきました。

TOEIC®テストは、多くの企業で昇格の要件に用いられたりするなど、多くの社会人のみなさまが取り組んでいらっしゃるテストのひとつです。

ふだんはセルフサジェスションの効果で、20歳の活力で行動している私がいます。ただ私の実年齢は、英語の試験が昇格要件でお困りのみなさまと同世代なのです。

今作での私の『ポジティブ勉強術』の取り組みが英語学習に取り組む同世代の方はもちろんのこと、たとえば大学生など、より若い世代のみなさまにもお役に立てるところがあるかもしれません。

本書では、まず『ポジティブ勉強術』応用編として私自身が実際に取り組んだ英語の勉強法を具体例として先に前半部で提示させていただき、中盤から後半部にかけて『ポジティブ勉強術』基礎編として「①　言葉の章」「②　感情の章」「③　行動の章」「④　習慣の章」の4つに分けてポジティブ思考に沿った勉強術の基本的な考え方と実践方法を説明させていただきました。

既刊（セルバ出版）の、私の前三作と併せてお読みくださると勉強術の効果もより上がるものと確信いたします。

「良くなるよ　私毎日　あらゆる面」

平成26年10月

新神戸・百龍嬉水のほとりにて　　百川　怜央

ポジティブ勉強術―TOEIC® テスト半年で100点以上アップを実証！　目次

ポジティブ勉強術　基礎編

①　言葉の章

②　感情の章

③ 行動の章

④ 習慣の章

ポジティブ勉強術　応用編

1　最初は中学英語をＡＫＢで

やっぱり勉強は、基礎ができているかどうかが大切です。

本格的に英語学習を再開するためにも、まずは基礎の基礎を確認することが大切です。

ということで、私が英語の勉強を再開するにあたって、はじめに購入したテキストは『ＡＫＢ48中学英語』（学研）です。

中学英語が本当にわかっているとスイスイ英語学習が進むので、楽しく勉強できて内容も充実したものを探していたところ、この本に出会うことができました。

人気アイドルのふだんの日常を、英語で書かれた簡単な英語の日記ブログを追いかける感覚で、一通りの中学英語がしっかり復習できて本当におススメのテキストです。文法事項や英語表現の基礎を一気に復習できて、「ああ、こういうの、あったなあ」とすぐに思い出せて、おかげさまで知識の再定着が図れます。

「勉強をアイドル教材で」というと、人によっては「えっ？」って思うかも。

これが実際やってみると、意外と楽しいんですよ。

思い切ってふだんの自分と違う日常の時間を過ごしてみる感覚を、自分の生活のなかにつくってみると勉強の再開も自分の変化のなかで捉えられて結構効果的です。

2　美人女子外大生サポーター

当時私は英会話に苦手意識があって、その理由は英検の取得が中学のときの面接のない４級止まりだったこと。中学から大学の時期に英検３級も英検２級も受験経験はあったんですが、どちらも面接で落ちていて、「ああ面接って苦手。こりゃ一生無理かも」みたいな言いわけの思い込みがあったんですね。

この苦手意識を、どのようにすると払拭することができるかということ。

この課題が、英語学習の再開の場面で最大のものでした。

当時、週末土曜日に地元の大学生グループが三宮のカフェで朝活をしていて、「社会人の方も参加ＯＫですよ」ということで、仕事に余裕がある週末に参加させていただいていました。その朝活のファシリテーターをつとめてくださる学生さんは、地元の公立大学のイケメン大学生・美人女子大生ばかり。

「もしかしたら、私の英語学習のサポートをお願いできるかも」と思い、グループの中心者である美人女子外大生さんにお願いしてみたところ、「百川先生のようなポジティブな方なら、もちろんＯＫですよ」とのご返事で、格安のバイト代で即快諾。何ごとも自分で勝手に「ムリだろう」とネガティブに判断せず、試しに頼んでみるものです。

3　英検2級ゲットで苦手意識を払拭

さて、当時美人女子外大生サポーターに依頼したのは、英検2級合格に向けた勉強です。週1ペースで無理なく、三宮や大学近くのカフェやファーストフード店などで英検2級の過去問をテキストに英語のレッスンをしていただきました。

この美人女子外大生サポーターは、海外留学経験もある才女で、とにかくポジティブ。もしかすると、ポジティブ作家の私以上に天然ポジティブかも。

「百川先生、すごいですね！」「めっちゃ、できるじゃないですか！」こんな調子で、とにかく私の英語の実力を、ほめる、ほめる、ほめる。

「えっ？　もしかして私って英語できるほうなの?!」こんな勘違いが、次第に自分の自信に変わっていきます。

40歳にして20年ぶりに、再チャレンジの英検2級の面接試験。

なんと面接会場は新神戸の自宅近くの神戸ＹＭＣＡで、徒歩圏内。「私は本当についてますね」おかげさまで面接も無事に通過し、英検2級を20年ぶりにリベンジでゲット。

面接官の方が最後に点数を書き直していた感じだったので、たぶん決めてはアティチュード（態度）のスマイルですね。感謝。

4　TOEIC® 学習の先輩からのアドバイス

さてここまでの話は、TOEIC® テストにチャレンジの前置きです。

『ポジティブ勉強術』の実証の試みとして、「具体的な数値で、何か学習の成果が見えるテストがあるかもしれない」と私が目を付けたのが TOEIC® テストです。

「最近、英語の勉強を進めてるんですよ」と周囲にお話していると、仕事上のポジティブな関係からお友達になった美人事務職の方が TOEIC® テストマニアで英語がペラペラであることが判明。

TOEIC® テストにはまっている人が、巷に結構多いということに気がついたのは実はこのときがはじめてでした。

「TOEIC® テストを受けるんでしたら、喜んでアドバイスしますよ」とのことで、惜しみなく大量の英語学習情報をこちらの美女から頂戴することができました。おかげさまで、本当にありがとうございます。

おススメの定番テキストから、TOEIC® テスト人気講師の情報、地元での対策セミナーの開催情報まで、多方面にわたり一気に TOEIC® テストの世界に導いてくださいました。

やっぱりポジティブなお付き合いが、日常的にあるって最高ですよね。感謝。

5　まずはテクニック本で試験の特徴をつかむ

私のはじめてのTOEIC®テスト受検は、今年２０１４年3月の第１８８回TOEIC®テスト。８は漢字にすると「八」で末広がりなので、第１８８回の「八」は自分の英語学習が未来に開けていくことを表しています。

さて、試しに市販の某社TOEIC®テスト模試を購入し1度解いてみたところ、９９０点満点TOEIC®テストにあって得点率は半分ほど。英検2級ゲットしたての学力でそのまま特に対策をとらず、そのまま受けると４００点台後半に得点がとどまる可能性がありました。

「TOEIC®テストがどういう性格のテストなのか、本番前に一度きっちり把握する必要があるかも」と思い、私がTOEIC®テストの対策本として購入したのは、ロバート・ヒルキ／ポール・ワーデン／ヒロ前田共著『新TOEIC®テスト直前の技術――スコアが上がりやすい順に学ぶ』（アルク）でした。

点数が上がりやすいパートから試験の傾向をつかんで対策をとっていくこの本のコンセプトは素晴らしく、はじめてのTOEIC®テスト対策は受検テクニックからのスタート。まずはテクニックから入り、実力をあとから追いつけていくプロセスでした。

6　TOEIC®と英検の受検を並行

自分の大学受験のときを、思い出してみます。

振り返ってみると、和田秀樹著『受験は要領』（ごまブックス）が出版された時期に当たる団塊ジュニア世代の生まれなので、受験テクニック本を読んだりとか、効果的に学力を上げる受験参考書を探したりとか。

きっと、大好きなんですね。

高校時代は、福武書店（いまのベネッセ）の進研模試と河合塾の全統模試で、学校の学習スケジュールが組んであったりして。

あのペースをいまの英語学習のスタイル確立にうまく活用すると、「スイスイ事が運んでいくかも」と思い、TOEIC®テストと英検の受検チャンスを自分の英語学習のペースメーカーに活用することに思い至りました。

具体的には、「TOEIC®テストを2か月ごとの受検とし、英検は年間3回の受検機会をフル活用して4か月に1回のペースで準1級にチャレンジ。英検2級に受かったばかりの自分の実力からすると「ちょっと背伸び」は間違いないところですが、「できる、できる」「なんとかなるさ」で年間計画をスケジューリングしてみました。

7　1回目のTOEIC®は力試し

何ごともはじめての挑戦に、失敗などありません。それがスタートラインなので、そこから何をはじめていくかが課題になるのです。

ということで、はじめてのTOEIC®テストも「なんとかなるさ」とポジティブ思考でリラックス受検でした。

はじめてのTOEIC®テスト受検会場は、神戸学院大学のポートアイランドキャンパス。

こちらのキャンパス。実はお仕事の関係で私にとってはおなじみの場所。「私は本当についてますね」

神戸学院大学ポートアイランドキャンパスは、海を挟んで向かいに神戸の山並みを背景にハーバーランドの景色を眺めることができる超オシャレな最高のスポット。いつもお世話になっている神戸で1番人気ホテルのラ・スイート神戸ハーバーランドも見えるじゃありませんか。

こんな調子でリラックスモードで受検の第188回TOEIC®テストの結果は、595点ということで約6割の得点でした。

『新TOEIC®テスト直前の技術』の設定する学習後の目標得点が600点ですので、「テクニックだけだとこれくらいなのかも」との印象をもちました。

8　1回目から2回目に向けての時期は1番モチベーションが上がる

やはり何ごとも1回だけで済ましてしまうことなく、2回目のチャレンジをして次の機会に照準を向けていくことが大切ですよ。

はじめてのTOEIC®テストの結果が、テクニックだけでも六割の得点率だったので、実力を伸ばすと「これからもっと良くなるかも」との思いを抱くのが当然ですよね。

ネガティブ思考の人は1回目の結果だけで、自分の取り組みを否定的に捉えてストレスフルに考えがち。「こんなんじゃダメだ」との口ぐせをなおして、ポジティブ思考に転換する自分に変化するのがおススメです。

心のなかに「ああすると良かった」「こうするべきだったはず」と、いろんな思いが生じるのも確かです。でも、変化は一瞬でできます。

ここで思い切って「いまこれだけできているので、ここからどんどん良くなっていきます」と自分で自分に宣言してみましょう。前向きな言葉で自分のなかにある結果へのイメージをポジティブな方向へ導くと、2回目への学習行動をすぐに取ることができます。

「いまこれだけできているので、次はこれに取り組むと、さらにこれくらいは良くなるぞ」プラスの言葉に自分の思考が誘導されて、前向きの発想にスムーズに移行できるのです。

9　得点アップのポイントはリスニング

はじめての TOEIC® テストの受検でわかったこと、それはリスニングの実力アップが必要ということです。

おかげさまで第188回の成績表を見てリスニング・パートとリーディング・パートの得点状況を比べると、私の場合はリスニング・パートのほうが明らかに伸びシロが大きいので、リスニングに取り組んだほうが効果的に点数アップできることがわかりました。

いろいろな TOEIC® テスト対策本を見ても、英語力アップを特集した雑誌やさまざまな TOEIC® テスト対策を紹介したインターネット上のブログ情報を見ても、やはりリスニング対策から取り組むほうが得点の伸びが大きいとのご案内が多いのです。

英文を読んだり、英単語や英熟語を覚えたり。

視覚情報から取り込んで英語の勉強を進めることは中学、高校、大学と多くの機会のなかで私たちは取り組んでいます。

そんななかで、リスニング対策というのは後回しにされがちで苦手意識があるものです。英語を聞き分ける能力を高めるために、リスニング対策として、どういう取り組みをするとよいのでしょうか。

10　リスニングの勉強法

リスニング対策に必要なのは、聴く時間の量と耳にする英語の質。英語を聞き分ける能力を着実に伸ばすには、実体験として英語を耳にして経験する機会を日常生活のなかで多くもつ必要があるでしょう。幸いなことに私の場合、時間については通勤時間がたっぷり。新神戸の自宅から職場まで片道地下鉄30分、プラス市バス15分。さらに徒歩と乗り継ぎの時間などで片道60分あまりの通勤時間なのです。往復すると、地下鉄だけでもきっちり60分の通勤時間。

この時間をリスニング対策の時間にあてることにして、新規購入のイヤフォーンを自分のiPhoneにつなげるようにしました。

最初のうちは片道の時間だけ「聞き流すだけで構わないだろう」と、リスニング対策につかい、「まずは三日」ほど。すると次第に「なんでこんな簡単なこと、これまでやってなかったんだろう」ともっとリスニングをしたくなってきますよ。音質にこだわり新規購入したイヤフォーンは、ドイツのゼンハイザー社製。ちょっと自己投資にお金をかけると、簡単にはやめないですので。

聴いたのは『英検準1級　文で覚える単熟語』（旺文社）のCD。実際の理解は半分ほどでも和訳付きの英文が面白くて、英検準1級の英文はスピードといい内容といい、リスニング対策を継続するのにちょうど良いレベルなんです。

11　2回目のTOEIC®で実力アップを実感

はじめてのTOEIC®テストから2か月後、今年5月の第190回の受検会場は甲南大学でした。百川怜央サポートクラブに甲南大学出身のイケメンサポーターがいますので、前日までに阪急岡本駅周辺のオシャレなカフェ情報をゲット。早めに岡本に向かい、おかげさまで試験直前の時間はこのカフェでのんびり時間を過ごさせていただきました。

リスニング対策と先の『直前の技術』でのテクニックの再確認、それから語彙力増強に取り組んでいるTEX加藤著『新TOEIC®TEST　出る単特急　金のフレーズ』（朝日新聞出版）の3つの教材。この3つを柱に、自身2度目のTOEIC®テストを受検させていただきました。甲南大学のキャンパスは本当にオシャレで素敵なので、TOEIC®テストなどの受検機会をつくって1度訪れることをおススメします。

拙著『ポジティブ思考』（セルバ出版）などでご紹介しているとおり、私はエミール・クーエのセルフ・サジェスションに毎日取り組んでいるので、終始落ち着いてリラックスモードで試験に取り組むことができるのです。

おかげさまで、この第190回のTOEIC®テストの結果は55点アップの650点でした。ポジティブ思考の効果実感で、最高ですね。ありがとうございます。

12　モチベーション維持に英検準1級受検

一定の成果を得ることができると、人は安心して取り組みへのモチベーションを下げてしまう側面があるのも事実です。

2回目のTOEIC®テストの結果を受けて、英語の学習状況に満足し切ってしまわないよう、適度に勉強の仕方に変化をつけてみることはやっぱり必要なのかも。

一般に英検準1級というと、TOEIC®テストのスコアとしては730点程度と見なされるようです。2回目の結果をうけて、スコア700点超えがTOEIC®テストの目標として現実的になってきたので、この際「TOEIC®テストの点数アップにあわせて、英検準1級ゲットも目指してしまっていいのかも」とポジティブにイメージ。

6月の今年度第1回英検から、思い切って準1級を受けさせていただきました。英検準1級ゲットには、一定のボキャブラリーの増強が必要。とはいえ「準備不足を言いわけにしない」姿勢で、英検に向けても「ひとまず数値で実力を把握してみる」試みですね。

英検準1級の1次試験の通過ラインは毎回だいたい7割前後の得点率とのことで、このときの私の1次試験の得点率は50％でしたので、「しっかり勉強すると、意外と合格まで近いのかも」との実感をつかませていただきました。

13 TOEIC® テスト公式問題集を活用

このころ、コンビニでたまたま『TOEIC® テスト完全ガイド TOEIC® 730点を獲る方法』（晋遊舎）を手にする機会があり、完成度の高いガイドブックなので即購入。

TOEIC® テストのおススメ対策本の紹介から具体的な勉強の仕方まで、多方面に紹介されていて大変に参考にさせていただきました。

私の見たところ、要するに700点台のスコアを狙うには、日常のリスニング対策に加えて、先の『金のフレーズ』で単語の学習を進め、『TOEIC®テスト新公式問題集 Vol.5』（国際ビジネスコミュニケーション協会）で問題演習の機会をつくるだけで良いのかもしれません。

ということで、このタイミングで問題演習の教材を先の『直前の技術』から『公式問題集』に移行させていただき、7月の自身3回目の TOEIC® テスト受検前に1回分解かせていただきました。

毎日の英語学習は、地下鉄内でのリスニング対策60分と『金のフレーズ』を自分の目標得点レベルのところを暗唱する作業30分。

試験が近づくと、1回分は問題演習をしておくという学習スタイルで、いわゆる「ガリ勉」ぽい感じのスタイルではないですね。

14　3回目のTOEIC®が試金石

7月の自身3回目のTOEIC®テスト。この回が勉強を進める上で、試金石となりました。というのも、この回のスコアは660点にとどまり、前回から10点アップしただけ。

勉強のペースが固まってきたころで正比例的に得点アップしていくことを期待していたので、正直いって結果に違和感があり「えっ?」って感じました。この回は、神戸大学国際文化学部での受検という最高の環境下でのTOEIC®テストでしたが、リスニング本番中に音声がとんで10分の中断・再開というトラブル発生。珍しいこともあるものですね。

ただ、スコア伸び悩みの原因は他にもあるかもと、何か気にかかるので、TOEIC®テストの公式サイトや無料会員サイトTOEIC® SQUAREなどを通じてインターネット上にあるさまざまな情報を確認。すると、すぐに原因が判明しました。考えてみると当たり前のことで、ふつうテストは獲得している得点帯が上がると難易度も同時に上がるものです。

つまり5割の得点帯から6割の得点帯に移ると、次の7割の得点帯に移るために解ける必要がある問題の難易レベルが上がるわけです。たとえば、これまで点数1点上げるのに1時間の勉強時間で済んでいたものが、さらに2時間3時間と必要になってくるということ。

次のレベルへと実力アップに必要なのは、同じ状態に停滞しないことだったわけです。

15 TOEIC®セミナーに参加してみる

先のTOEIC®マニアの美人事務職の方のお誘いもあり、神戸を中心に全国でセミナーイベントを企画・開催している「つなぎすとサロン」さまのTOEIC®セミナーを受けてみることにしたのが、たしかこの7月の時期でした。

つなぎすとサロンさまは地元の市民文化センターなどを施設利用し、リーズナブルな価格で英語の学習セミナーを多く開催してくださっていて、本当に助かります。ありがとうございます。

聴きにいったTOEIC®テストのセミナーは、「天満嗣雄のTOEIC®ゴリゴリセミナー〜僕が先読みなしでリスニング満点を取った練習方法」というもの。

天満先生は、『2カ月で攻略TOEIC®テスト900点!』(アルク)などの著書のあるTOEIC®テストの有名講師のお一人で、この日はストップウォッチを活用してwpm (words per minute)を計測していくタイムアタックの指導。

つまり1分間で読むことのできる単語数をどれだけ多くすることができるかに挑戦し、速く読む練習をしていこうということですね。

丁寧にご指導くださり、はじめての経験で目から鱗。自分の英語学習の進め方に変化をもたらすきっかけとなった貴重な体験をさせていただきました。

16　タイムアタック勉強術

このタイムアタック、さっそく自分の毎日の英語学習のなかに取り入れてみることにしました。細かい理屈や理論は「あとから」わかってくるだろうと考えて、何ごとにも「行動優先、実践優先」で取り組むのが、ポジティブ思考の考え方です。

ですので、まずストップウォッチを買ってきて何か勉強の場面で活用してやってみること。最近ではストップウォッチも１００円で売ってますので、安いので試してみることです。

私がはじめたのは『金のフレーズ』の英単語の暗唱に、タイムアタックを適用すること。

私は１００語を1単位に『金のフレーズ』のまとまりを細切れにして、暗唱を毎日繰り返す作業を行っています。１日６００語ほど、とにかく目を通して口に出して読んでみるわけです。

取り組んだのは、１００語のまとまりを一通り読み上げるのに要していた時間をタイムアタックで縮めていく作業。

5分かかっていたものを徐々に4分半、4分、3分半と「時間をより限定して」縮めていくのです。暗唱作業は繰り返しの頻度が重要なので、効率よく効果的に学習時間を活用するために応用させていただいています。

17　話題のフィリピン英会話を活用

さて、このつなぎすとサロンさまのおかげで、『オンライン英会話の教科書』（国際語学社）の著者・嬉野克也さんとも知り合うことができました。

嬉野さんはサラリーマン社会人としての日常生活を送りつつ、36歳からオンライン英会話に取り組まれて、３年ほどで英語がペラペラのやり直し英語学習の先輩にあたります。

オンライン英会話の講師は、多くがフィリピン人の先生。フィリピンって、そういえば英語圏でした。

オンライン英会話は、格安の料金でネイティブの先生のレッスンが受けられるということで、とても人気を集めているとのこと。いろいろと学習情報をゲットすることができて、おかげさまで「私は本当についてます」

「フィリピン、一度行ってみたいな」

オンライン英会話をはじめるとしても、一度現地に行って現地の英語の実際に触れてみたいと思った私は、８月中のお仕事に余裕がある時期をみて、短期語学研修に取り組んでみることを決意。

英語学習を発展させていくためにも、「できる、できる」「何なんとかなるさ」とインターネット上から、マニラやバギオ、セブ島にいたるまでフィリピンの語学学校を調べはじめたのです。

18　フィリピンでの短期英語研修

さて、私がフィリピンでの短期語学研修先に選んだのは、PICO 英会話研修センターというところ。メトロマニラの高級住宅街のあるアラバン市内にあり、安全で日本人経営。複数の学校の見積もりをとった段階で、パック料金できわめて明朗会計。語学研修費、宿泊費、食事代、その他と全部コミコミで諸費用がわかるので、めっちゃ安心だったのです。

本社は東京にあるので、所用で東京入りさせていただいた際に、本社の事務所でネイティブの先生による事前の英語力判断までしてくださいました。ありがとうございます。

ご相談し、こちらのレッスンでは、研修期間を8月上旬の1週間に設定。1日8時間レッスンで、最初の1時間がグループでの発音レッスン。

その後、午前中に3時間のマンツーマンレッスン1つ。午後から2時間のマンツーマンレッスンを2回。それぞれ先生が変わるので、1日計4名の先生方からのレッスンで、気持ちが切り替わって飽きないスタイル。

おかげさまで、あっという間の充実の1週間を過ごさせていただけました。ありがとうございます。

休日の日曜にはマニラ観光も楽しめ、おかげさまで最高の時間を過ごせました。感謝。

19　無理せずやさしいテキストで学習を継続

9月のTOEIC®テストは、自身4回目の受検。

英文多読の効果ということをおススメになる方も多くいらっしゃるので、ポジティブに「何かどんどん読んだほうがいいかも」ということで、フェイスブック上でつながっている著名英語講師の先生方がアップしている英語の参考文献なども、私は日常的によく調べて実際に書店で手に取ったりして英文に触れる機会を増やしています。

ただ、実はこの9月のTOEIC®テスト直前の時期は、お仕事で多忙だったこともあり、本格的なテキストに新規チャレンジするのは難しいかもなんて思いもありました。

トータルでポジティブが百川怜央のポジティブ思考の基本発想なので、100%を目指しつつ結果70%でもひとまず満足。とはいえ、このときTOEIC®テスト受検の先輩、ある一流企業のイケメン社員さまに思い切ってアドバイスを頂戴しました。

先輩からは「簡単なテキストで速読対策すると良いかも」と、デビッド・セイン著『ネイティブが教えるTOEIC®テスト　シンプル勉強法』(アスコム)をすすめていただきました。

忙しい時期も、無理せず易しめテキストで学習継続。継続は力なりですね。感謝。

20　4回目のTOEIC®で100点以上アップ達成

9月のTOEIC®テストは、神戸大学工学部での受検。4回目にもなると試験自体に慣れっこで、日常の延長にTOEIC®テストがあるようになってきます。英語の学習習慣が定着して日常化すると、特段の自覚もなくどんどん学力が伸びているのかもしれません。

「何かを毎日やっているし、まあ大丈夫だろう」

こんな感じの明確な根拠なき自信が、次第次第にTOEIC®テストに対してついてきて、たしかにはじめのうちは意識的に「できる、できる」と自分で自分の変化を呼び起こして自分に言い聞かせていたのが、本当に「実際にこれくらいはできるぞ」という自分自身の確信と成長へとつながっていきます。エミール・クーエのセルフサジェスションの実際については、私の前3作などを是非ご参考にしてください。

おかげさまで、多くのみなさまからのサポートと自分の『ポジティブ勉強術』の考え方と実践にお世話になり、本年3月の595点から9月には700点へと、半年でTOEIC®テストのスコアの100点以上アップに成功することができました。実際あわせて受検中の9月の英検準1級の1次試験の得点率も1割アップさせていただいていて、どんどん英語学習が面白くなってきているので、この試み、to be continuedということで。感謝。

21 楽しんでポジティブ勉強術に取り組むライバル

勉強に取り組む際は、楽しんで競い合えるライバルをつくるほうが絶対にポジティブです。爽やかなやり取りのなかで、ときには本気もかいま見せながら、学習に取り組み合えるライバルがいると、日常の学習活動に張合いが出てきます。

私のTOEIC®テスト学習では、高校2年生のライバルがいます。彼は英語の学習に前向きで、すでにTOEIC®テストで700点以上のスコアをゲットしているんです。

教育者という仕事柄、ポジティブな高校生が周囲にたくさんいるので、なかには英検やTOEIC®テストなどの英語資格の取得に熱心な高校生も当然いるわけです。

現役の高校生が難関大学への受験を控えて本気で英語の学習に取り組んでいるわけですから、これはライバルとしてなかなか手強いわけです。

自分も昔とおったポジティブな道を「よし、もういちど」と当時のやり方を思い出して学習を進めていくことができるわけです。大人だと、逆に変にプライドが邪魔したりして。

良い意味でのライバル関係を築いて、童心に還ってゲーム感覚で爽やかに学習に競争を取り組むには、むしろ年齢が極端に離れたライバルのほうが良かったりするかもしれませんね。

ポジティブ勉強術　基礎編

①　言葉の章

1　ポジティブ発言で、自分のもつ本当の勉強力に目覚めよう

本格的に勉強をしたいという思いがあっても、実際にはなかなか勉強ができないという人が多くいらっしゃいます。実際に勉強をスタートしても、いろんな制約があるので勉強を継続していくのが難しいという人も多くいらっしゃいます。

勉強をしていくことを不可能にする現実、困難にする現実に打ちひしがれて、歯がゆい思いをされている人も多いことでしょう。たしかに「できない、できない」「ムリムリ」と言っているうちは、その現実が変わることはありません。

でも、このままではいけないって思いも自分のなかにあるのはたしかですね。いま自分が置かれたネガティブな現実を変える実践に、思い切って一緒にポジティブに取り組んでみませんか？　ふだんの勉強のなかでネガティブな言葉を口にしてしまっている問題に、ポジティブな言葉を与えてみるのです。

「できる、できる」「なんとかなる」と口に出して発言することで、一気に見え方が変わってきますよ。「できない」というと発言は思考をネガティブに導き、実は容易に解決可能な問題まで本当に「できない」ようにさせてしまいます。

「できる」発言で、可能性を切り開くことが勉強に取り組む第一歩です。

2　勉強に取り組む姿勢を、楽しいものに転じていこう

勉強は、実は楽ラクです。頭のなかではストレスを感じる難問でも、現実行動としては本を読んだりペンを走らせたりしている行為だけです。バーベル握ってマッチョに勉強なんてまずしないのですから、身体的に直接的なストレスを感じる勉強なんてないのです。

ところが、難問に取り組んでいるときって身体的にもストレスを感じませんか？　肩が凝ったり頭が痛くなったりして、辛い思いをした経験があるでしょう。

「できない、できない」と思う自分のネガティブな思考が、身体にネガティブな影響を及ぼしているのです。こういうときって、勉強も本当に進まなくなってしまいますよね。

自分で「ムリ、ムリ」いっているかぎり、「あれも無理だったしこれも無理だったし」とネガティブな失敗経験だけを頭のなかでサーチし続けてしまいます。こういうときこそ、気もちを楽にしてポジティブな言葉を口に出すのです。「できる」「なんとかなる」という言葉が、現実に問題解決の手段が見つかる方向へと自分の思考を導き始めます。

思考が変わると行動が変わり、本当にストレスなく勉強が進展していく方向に自分の取り組みが誘われていきます。「なんとかなる」理由や根拠を見出して、実際に楽しんで勉強ができるようになる素晴らしい体験を得ることができます。

3　楽しさと快さと元気さ、この3つを自分の勉強に取り入れよう

楽しくない勉強は、決して継続できません。動物は本能的に苦しみを避けるものです。人間も動物である以上、本能的に苦しみから逃げようとするものです。ですから、勉強にどのようにして楽しさを取り入れるかがポジティブ勉強術の大きな課題になります。

勉強をする環境や姿勢を、快い状態にしていくことです。不快感がともなう状態から、ポジティブに勉強に取り組むことなどできません。楽しく快い勉強の態勢をつくって、自分が勉強をする態勢へと自然と導かれていく状態をつくりあげていくことです。

「勉強をすると疲れる」と口にしているようでは、勉強が自分の頭のなかでストレス化してしまいます。むしろ「勉強をすると元気になってくる」と口にする実践に、ふだんから取り組みましょう。「勉強は楽しい」「勉強は気持ちいい」なども、つかうと良い言葉です。勉強に向けて前向きな気持ちを、自分の思考のなかに形成していくことが目的です。

私はカフェで読書したり、執筆したりするのが大好きです。当然、勉強もカフェで進めていきます。自宅で勉強するときも、清潔で快適な空間のなかで勉強を進めることを心がけています。そして、「勉強って本当に楽しいなあ」と実際に口に出します。そうすると、実際に自分の勉強がスムーズに進められます。是非、実践してみてください。

4　勉強に向けて何か良いことを口にすることが、ポジティブ勉強術のポイント

勉強に向けてネガティブな発言をすると、勉強にリミッターがかかっていきます。勉強に向けてポジティブに発言をすると、勉強することにリミッターがかからなくなります。ですから、発言そのものにリミッターをかけてはいけません。ネガティブな発言にリミッターをかけて、ポジティブな発言は徹底的に開放させていくのです。

たとえば、夢を語ることはとてもポジティブです。夢を語って、具体的なイメージを頭のなかに連想していきましょう。イメージが具体化すると、課題が見えてきます。そういうときは「この課題を解決して、夢を実現するぞ」と口にしてみます。すると、課題解決への意欲が胸のうちにみなぎっていきます。

このとき、決して「たら」「れば」は使ってはいけません。

「課題が解決したら」「課題が解決すれば」と口にしているうちは、事態がいつまで経っても進展しないものです。「この課題をこう解決して、夢を実現するぞ」と自分の実践と夢とを直接的に結びつけていくことが必要です。

実際の勉強のシーンで、課題の解決と夢の現実化プロセスを1つの軌道に乗せていくこと。その実践で、あらゆる勉強がスイスイ運ぶことができるようになります。

5　自分の勉強に向けた言葉を、ポジティブに聴覚化してみよう

夢や目標を紙に書いて視覚化する実践はだれしも試みるものですし、実際に一定の効果があるのは事実でしょう。私は視覚化に加えて、聴覚化もおススメしたいと思います。なぜなら、視覚より聴覚の及ぼす効果のほうが大きいのではないかと考えられるからです。

「時間があるので遊ぼう」という発言は、遊びの行動へのスムーズな移行を可能にするものです。それに対して「時間がないので勉強しなければならない」という発言は、勉強の行動への移行をストレスあるものにしてしまうと思いませんか。

ネガティブな発言からの行動はストレスフルなものになりますし、ポジティブな発言からの行動は楽しみでいっぱいになるものです。ですから、勉強に本格的に取り組む決意をするということは、勉強に向けてネガティブな発言を一切やめていくということになります。試みに、これからは「時間があるので勉強しよう」と発言していくよう努めてみてください。

「〜がない」という否定語や「〜せねばならない」という義務感が感じられる言葉を、勉強に向けて加えていくことを一切やめにします。余裕やゆとりを感じさせる言葉から、勉強に対してストレスフリーになることが必要です。「勉強大好き」「勉強って本当に楽しい」。こういう勉強への肯定感を頭のなかに植え付ける言葉を大切にしましょう。

6　できない理由を数え上げると、勉強の進行がストップする

「できる、できる」とつねに口にして、ポジティブに勉強に取り組みましょう。

「できない」とか「無理」とか発言してしまうと、できない理由が頭のなかにどんどん浮かんできて自分の勉強にストップがかかってしまうので要注意です。

自分の周囲の人にも、ネガティブな発言をしないようにお願いしていきましょう。ポジティブな意識を生み出す肯定的な言葉を口にしていただけるよう、促していきましょう。この場合も、自分の発言が問題です。自分がポジティブな発言を一貫して口にしているかぎり、最終的に断念するのはネガティブな発言をする人のほうに必ずなります。

「できる、できる」と口にすると、「どうすると実際にできるようになるのか」と思考が働きはじめます。そして、勉強を実践する行動が実際に促されていきます。「できる、できる」と発言していると、とにかく「何かをはじめよう」との意識が芽生えて行動が生み出されていくのです。

「できない」といったりネガティブな周囲の指摘をマトモに受けていたりすると、言いわけめいたできない理由づけばかりで頭のなかが占められていきます。

自分の勉強の進行にマイナスの要因は、ポジティブに思考を誘導することで乗り切ることが大切です。

7　勉強する目的は、自分がポジティブに変わること

自分が勉強する目的は、自分が変わることにあります。決して、人が変わることのうちにはありません。この根本部分に勘違いがあると自分の勉強がまったく進まず、自分が成長できるチャンスもみすみす見逃してしまうことになります。

「何ごとも自分のせいだ」と思える人は、あらゆる機会を自分が成長するチャンスととらえることができます。

「あれはあいつのせいで、これは先生がわるい」と何から何まで人の非を責めているような姿勢では、自分の成長できるチャンスを自分で放棄してしまっているようなものです。

人は容易なことでは変えることができませんが、自分は自分で簡単に変えることができます。そのためにも自分の言語習慣を変化させて、何ごとも人のせいにしてしまう言葉を絶対に口にしていかないようにしましょう。

「これでよかった」「これも自分にプラスになることだ」と事態を肯定的に受け入れて、目の前の出来事を自分の成長のチャンスと受け止める態勢を整えます。

「この結果も自分の責任だ」と結果責任を認めて、次にポジティブな成果を生み出す新たな原因をつくりあげていく未来志向で勉強に取り組んでいきましょう。

8　勉強についてのネガティブな思いを、ポジティブなものへと転換しよう

多くの人は勉強をめぐって先生や親から叱られたり怒られたりして、ネガティブな思いを抱いているものです。ネガティブな思いを抱いているものに、ポジティブな意欲を向けられないのは当然です。学習意欲が湧かない原因が勉強に向けてのネガティブな思いのうちにあるとすると、早急にその思いをポジティブに転換し変化させる必要があります。

ポジティブに勉強に取り組んでいくためには、とにかく勉強に取り組むことは無条件に良いことだとの認識へと向けていくことが必要です。

勉強のサポーターは分量の多寡とか時間の長短を問うことなく、勉強に取り組む姿勢そのものをとことんほめ称える言葉を送り続けることが大切です。

自分自身が勉強に取り組む場合も、自分が取り組んだ勉強を「時間が少なすぎる」とか「分量が少なすぎる」とか「質が悪い」とかネガティブに評価するのをやめるほうがよいでしょう。むしろ「この時間でこんなにできるので、もっと時間をかけてどんどん達成度を上げていこう」と発想してみましょう。

自分の取り組みで得た成果を肯定的に評価して達成度の高まりを身をもって感じ取っていくことで、次への学習成果に向けて自分の勉強に弾みがついていきます。

9　勉強のサポーターは、ポジティブな味方

勉強のサポーターである先生を、とことん味方につけましょう。勉強のサポーターである両親を、とことん味方につけましょう。人は好きな人のためには、どこまでもがんばり抜けるもの。大好きなサポーターを周囲に大勢獲得して、自分の勉強をスイスイ運んでいくのがポジティブな学習姿勢です。

とくに先生の悪口には自分自身で注意をはらって、そのネガティブに付き合わないことです。ネガティブな言葉はネガティブな思考を呼び起こしますので、ネガティブ情報に思考が流されると自分の学習行動にも直接的に影響が及びます。

自分自身が自分のサポーターの悪口を言ってしまっていないかどうか、自分の発言にも注意をはらってコントロールしていきましょう。ネガティブな発言はネガティブな事態を呼んできますので、絶対にネガティブな会話に付き合ってはいけません。

自分のなかでサポーターにネガティブな考えが浮かんだときは、「自分はそういう考えもするものなのか」と一旦自分の思いを客観的に受け止めて、呼吸を整えながらネガティブな思いを主観的な意識から遠ざけていきましょう。先生への好きの感情と信頼の感情が自分の勉強を促進しますので、先生をポジティブな味方と見る自分を大事にしましょう。

10　言語習慣を良くすると、勉学の成果が飛躍的にアップする

自分の言語習慣が自分の思考習慣に与える影響が絶大である理由は、自分が言語によって思考しているからに他なりません。言葉には力があることを肝に銘じて、自分の言葉にポジティブな力を宿しましょう。

特に明確に意識化に置かれた思考は必ず言語的な思考をともなうものですから、その思考が自分の具体的な実践行動に与える影響を重視していく必要があります。勉強にネガティブな人は、勉強を対象にした自分の言語習慣がネガティブなものに陥ってしまっているからです。

ですから勉学の成果をポジティブに高めていくためには、この言語習慣をプラスのものに変えることがポジティブ勉強術のスタートラインとなります。自分がふだんの生活のなかで勉強を対象にどういう言葉をつかっているか、一度振り返って吟味してみましょう。

「できる」「なんとかなる」と自分の勉強への取り組みに肯定感をもたらす言葉が、自分の勉強に向けた具体的な行動を促します。ポジティブな言葉がポジティブな行動を生み出し、ポジティブな行動はポジティブな学習成果に結実します。

「できない」「無理」と口にすることなく、自分の行動を導くプラスの言葉で前向きに勉強に取り組みましょう。

11 「ありがとうございます」と感謝の意を表明することを習慣づけよう

誰かにお世話になりサポートを頂戴した場面で、「ありがとうございます」の言葉をしっかりいう習慣をつけましょう。人は誰かから感謝されることが大好きですので、サポートには必ずポジティブに感謝の意を表明することが大切です。

「ありがとう」の言葉は大切な言葉なので、むやみやたらに使うものではないという人がいます。「ありがとう」は本当に大事な場面で口にするべき言葉なので、ふだんお世話になった場面では「すみません」くらいにとどめたほうがよいという人もいるかもしれません。

しかし、「すみません」は何かネガティブな響きがあるように思いませんか。

勉強の場面は人から教えを請う場面ですから、あらゆる場面で「ありがとうございます」の言葉をつかうのが適切です。勉強を教わって、「すみません」というのは適切ではありません。勉強をさせていただくのはポジティブで自分にプラスの成長につながる場面ですから、「ありがとうございます」としっかり口にするのがよいでしょう。

自分が勉強に取り組むあらゆるシーンを、プラスに意味づけしていくことで自分のなかにある勉強へのリミッターが外れていきます。また勉強をサポートしてくださる人も、感謝の言葉があるとリミッターなくアドバイスをくださいます。

12　集中力を増進するために、ポジティブな言葉の力を利用しよう

なかなか落ち着かなくて勉強に取りかかれないときには、どうするとよいのでしょうか。

あるいは気分的に勉強に集中できない場合に、何らかの対処法はないのでしょうか。

そういうときこそポジティブに自分の言葉の力を利用して、自分の思考を前向きに誘導していきましょう。

「できる、できる」という言葉を口にすると、本当に前向きに勉強ができるようになる方向で自分自身行動を起こすようにできるようになります。

「なんとかなるぞ」と発言すると、実際になんとかなる方向で思考がポジティブに誘導されて具体的な勉強の行動が実践できるようになります。

こういう話をすると、周囲では「そんなの、無理」とか「できない、できない」とネガティブに返答されることがほとんどです。

しかし実際に、ポジティブ発言からポジティブ思考とポジティブ行動を導く実践に取り組みはじめた人は、その効果の絶大さに驚くこと間違いなしです。

私が一番好んでつかうのは、「どうしてこんなにスイスイ事が運ぶんだろう」という言葉です。

あらゆる勉強にこの言葉を適用して、スムーズな学習の進行に成功しています。

13　ポジティブな言葉づかいで、楽しく勉強に取り組もう

子どもは語呂合わせが大好きで、歴史の年号なども語呂合わせでどんどん覚えてしまいます。脈絡や意味なんて、関係ありません。この場合、意味のつながりは無視してしまってかまわないのです。頭の記憶に定着させ覚えてしまうことが第一ですから、意味はむしろ後からついてくるくらいの気持ちで取り組むことです。

勉強に取り組むときの言葉づかいについても、面白く楽しい言葉づかいを意識しましょう。脈絡や意味はひとまず無視して、ポジティブなメンタル状態をつくり出す言葉を意図してつくっていくのがポジティブです。

ポジティブな言葉によって、自分の意識と思考を活発になるように誘導していきましょう。言語習慣が思考習慣をコントロールし、勉強に向かう行動と感情がポジティブな方向へと導かれていきます。

ポジティブに勉強に取り組むと意味上ではつながりのない語呂合わせでも記憶にとどまるのは、楽しいという感情が情報に付随するからです。感情的に楽しんでいるときは身体的な活動も活発になっているので、プラスの好循環のなかで頭のなかの活動も活性化しているのです。

ポジティブな言葉で、ポジティブに勉強。これが大原則ですね。

14 ネガティブ思考を払拭する取り組みで、ポジティブな勉強が実現する

自分は勉強が苦手だとか、自分は要領が悪いといったマイナスの思い込みにとらわれていませんか。ネガティブな思い込みを言いわけにして勉強に正面から取り組むことを避けている自分を、ポジティブな言葉からのプラスイメージで転換していきましょう。

「勉強が苦手だから、しっかり計画を立てて勉強に取り組もう」と口にして前向きな学習を実践することは、すでに十分にポジティブです。「しっかり計画を立てて勉強に取り組むと、勉強が得意になるぞ」と口にすると、よりポジティブな学習の実践が可能になります。マイナス思考の克服のために、プラスの言葉づかいの実践があるのです。

「要領が悪いから、たっぷり時間をかけて勉強しよう」と口にして中長期的に学習に取り組むことは、すでに十分にポジティブです。「たっぷり時間に余裕をみて勉強するので、要領よく勉強に取り組む仕方が身につくぞ」と口にすると、よりポジティブな学習姿勢が身につくでしょう。

自分のプラスの発言から自分のポジティブな思考を誘導し、よりポジティブな行動につなげていくことです。悔いのない学習活動の実践は、自分の前向きな発言のコントロールから生み出されていくのです。

意識すべきことは、自分の発言内容のポジティブさです。

15 ポジティブな言葉のかけ合いをする

勉強に一人で取り組んでいると、ネガティブな気持ちになることってあります。

ポジティブな言葉のかけ合いをして、勉強へのモチベーションを高め合える勉強仲間が周囲にいると心強いものです。

この場合、互いに卑下したり謙遜したりする関係ではなく、日々の学習活動でゲットできたお互いの成果を報告し合える関係が大切ですね。謙虚になるというのは、相手の実力を認めるということで、「自分なんて、全然ダメだよ」なんて発言をすることではないのです。

お互いに「すごいね、さすが」と声かけ合える勉強仲間をつくっていきましょう。

自分ひとりのときに「ちぇっ、あいつなんて」とか「いまに見ていろよ」とかいうような嫉妬めいた言葉を口にするのも避けていきましょう。ネガティブな感情に誘導する言葉は、自分の行動を促進するどころか、実際には行動の停滞を招きかねません。

嫉妬の対象というのは、実は憧れの対象。ですから「あの人のように、ステキになろう」とか「自分の目標にするのにふさわしい立派な人だ」というような前向きでプラスの意味の言葉を口にすることでこそ、自分の学習活動は促進されるのです。ポジティブ勉強術では、自分ひとりのときに自分自身に投げかけている発言が一番大切なんです。

ポジティブ勉強術　基礎編

②　感情の章

16 達成できる目標を細かく設定して、達成感を味わい続けよう

自分の目標が抽象的では、なかなか目標の達成感が実感としては得られません。勉強がなかなか進まない人は、実は目標設定が具体的ではないって思いませんか。目標は具体的に設定して、そのつどの達成感を味わっていくことを大切にしましょう。

勉強の目標を具体的に設定するとは、どういうことなのでしょうか。それは自分が達成可能な目標を、細かく設定していくということです。英語を例にとると、「英文の記事を1日必ず1篇読む」「英語の暗記例文を1日3つ覚える」といった感じです。

いまの自分の勉強への取り組みから見て、ちょっとだけ背伸びをした目標設定をこまめにしていくことです。「まあ、できるかも」というくらいの目標を、「スイスイできる」ようにしていく実践です。「できる、できる」と発言しながら、実際に細かい目標を達成していく感覚を持続的にもち続けることが目的です。

達成感は、快感です。その快感は、基本的な学習の習慣づけにとても効果的です。「できる、できる」と言いながら勉強に取り組み、「あら、本当にできちゃった」という喜びの感情を自分で感じていくことです。ポジティブな感情を持続的にもち続けることが、さらなるポジティブな学習実践へと自分の思考と行動を誘導していきます。

17　否定的な関係から、ポジティブな勉学意欲は生まれにくい

自分のすることを肯定的にみてくださる人とは良い関係を築くことができ、逆に否定的にみてくる人とは良い関係を築きにくいものです。これは勉学についてもまったく同じことで、自分の勉強の仕方を否定する相手にはネガティブな感情を抱いてしまうものです。

たとえば、先生が自分の勉学をサポートしてくださいますが、ポジティブな先生は激励の仕方をわかってくださっているものです。時として、厳しく叱られることもあるかもしれません。しかしその後のポジティブな先生の言葉に導かれて、勉学に励むことができている自分がいるとは思いませんか。

一緒に勉学に励む勉強仲間も、互いを高め合うポジティブな人間関係が築ける人かどうかが大切ですね。互いの勉強のやり方を否定し合うような関係から、望ましい成果が生まれることはありません。「ほら、ダメだった」と言われても、ムカつくだけですよね。

勉学意欲とは、勉強への自主性です。自分の自主性を否定する関係から、ポジティブな勉学成果は生まれにくいのです。意欲は行動に直接結びつくものですし、行動の成果が勉学の結果としてあらわれてきます。「すごいねえ」と互いに「できていること」に注目し合う関係から、勉学への高め合う関係ができあがっていくのです。

18　誰かに喜んでいただこうという意識を、勉学意欲に結びつけよう

勉強はもちろん、自分の成長のためにするものです。しかし自分の成長を勉強の動機づけにしようとしても、なかなか勉強が進められるものではありません。「自分が基準」の勉強は自分の甘さや弱さを許容しがちで、怠け心に簡単に打ち負けてしまうのです。

勉学への動機づけでは、自分が成長することが誰かが喜ぶことにつながるという意識をもつ必要があります。勉強の軸は、「誰かに喜んでいただく」ことです。誰しも、人に喜んでもらえることは素直にうれしいもの。「うれしい、楽しい」というポジティブな感情が勉学への意欲を呼び起こします。

この勉強をして自分が成長すると、「あの人が喜ぶなあ」という思いを抱いてその喜ぶ顔をイメージしながら勉強してみましょう。ポジティブな感情が、自分の成長への取り組みを捗らせます。

子どものころを、思い出してみてください。好きだった先生はスマイルで、テストの点が良かったりすると大げさに喜んでくれませんでしたか？

喜びの感情は心地よいものなので、「大好き」という思いに直接結びついていくのです。

「大好き」という前向きの感情が勉学意欲に結びついている人は、勉強にストレスなく取り組むことができるのです。

19　勉強にポジティブになるために、オフもポジティブな心理状態をつくろう

勉強に調子づくためにはプライベートの充実も必要ですので、すべてが順調にスイスイ運んでいる状態をつくりあげていきましょう。

「これはできるけど、これはできない」というようなネガティブな区別は不要で、なんでも「できる、できる」でノリノリでいきましょう。

勉強が充実するためには、日常生活のなかで勉強以外のことも充実する必要があります。なぜ勉強以外のことも充実する必要があるのでしょうか。そのポイントは、集中力にあります。

勉強以外のことに心配事や不満があると、そちらに気を取られて勉強にポジティブにオンの心理状態になかなか移れないものです。すると勉強に集中すべき時間にも、勉強に集中しきれない中途半端なメンタル状態になります。勉強に対してやる気がないわけではないのに、他に「やるべきことがあるのではないか？」との意識が生まれてしまいます。

人の意識は拡散するのが本質なので、長時間同じ対象に集中し続けるのは不可能です。

むしろ勉強に気持ちがオンの状態もオフの状態も肯定的に受けとめて、「これも自分にはプラスになることだ」と口にして適切に気持ちを切り替えていくことが大切です。

集中力が適切な切り替えで別の対象に向かうことは、長時間持続可能なことですから。

20　話題の合う人と、言葉を交わして勉強への動機づけをしよう

ポジティブに勉強を継続していくためには、自分が話題を提供できる相手と自分に話題を提供してくださる相手が必要です。

互いに自分たちがやっている勉強を肯定的に受け止めていて、「頑張れ」という言葉を口にせずとも励まし合える関係が成り立つ人がいることって本当に大切です。

それは先生でも親でも子どもでも一緒のことで、年齢や社会的な地位を問うものではありません。

話題が一致するかどうか、ポイントはそこだけです。その一点だけで関係が継続できる勉強仲間を一人でも多くつくっていくことがポジティブです。

誰しも自分の勉強への取り組みを否定的に見られたくないもので、自分の興味ある話題に対して「でも、それって意味あるの？」みたいなネガティブな言葉は嫌いです。実際人からのネガティブな言葉は自分の行動のリミッターとして働くので、勉強の実践においてもプラスになることよりマイナスになることのほうが多いといえます。

人に耳や心を閉ざさせる言葉がある一方で、逆に耳や心を開かせる言葉があります。

人からの話題に「でも」や「しかし」といった逆接的な表現で受け答えするのはやめて、「そうなんですね」と肯定語で受け答えしていくと勉強に向かう意識が強まっていきます。

21　勉強すると周囲に喜ばれてほめられるので、とても楽しい

「勉強しないで叱られる」という経験を多く重ねている人は、勉強は苦しいものだとの思い込みが形成されている可能性があります。逆に「勉強をしてほめられる」という経験をたくさん重ねている人は、勉強するのが楽しくてしょうがありません。

勉強にネガティブな印象をもっている人や勉強をすることにストレスを感じる人は、勉強への取り組みのなかで何らかのネガティブな経験が記憶のなかに横たわっている可能性が高いとは思いませんか。勉強に伴う経験や記憶をとことんポジティブなものへと転換することが、勉強にストレスなく取り組んでいく秘訣なのです。

勉強をすると周囲のみなさんが喜んでくださる経験は、ポジティブなものです。自分が成長することが周囲の人の喜びにつながるという体験を、つよい記憶として心のなかに保ち続けている人は習慣的に継続して勉学に取り組んでいくことができるのです。

勉強に取り組んでいる人にとって、周囲のポジティブな評価は勉学への動機づけに直結するものです。人に喜んでいただくために勉強をするという姿勢を養って、社会に出て人を喜ばせていく仕事に取り組もうと意識につなげていきましょう。勉強とは決して自分一人の満足のためにするものではなく、本質的に他の誰かに資するためにするものです。

22　叱られたり怒られたりしたときこそ、ポジティブにとらえよう

勉強に取り組んでいるとき、時として周囲でサポートしてくださっている人から叱られたり怒られたりします。叱られたり怒られたりすると相手の言葉をネガティブに受け止めてしまいがちですが、こういうときこそ「ありがとうございます」とポジティブに受け止め切っていくことが大切です。

自分の勉学の成果に一定の期待感がもたれているからこそ、みなさまからお叱りの言葉を受けることができるのです。お叱りの言葉をポジティブに受け止めていくことができてはじめて、自分が本当に成長していけるものととらえていきましょう。

お叱りの言葉やお怒りの言葉を受けたときには、一人になって「これも自分のプラスになることだ」とまずひと言つぶやいてみることです。「これでよかった」のだとの思いから、ネガティブな感情の発生をコントロールすることができます。

自分が悪いという自覚があって叱られるときには、「自分のせい」と素直に受け止めることができます。問題は、時として理不尽な怒りやお叱りを受ける場合です。

このときも、「これでよかった」とポジティブにとらえていくことです。

自分の周辺のあらゆる出来事を肯定感をもって受け止めることで、ノーストレスの勉強が実現するのです。

23　勉強の失敗を自分のせいだと思って、自分を変えることができるようになろう

勉強の失敗を誰か他の人のせいにし続けているかぎり、自分の勉強の成長はありません。ですから、1つひとつの失敗を「これも自分のせいだ」ととらえて、自分を変えていくきっかけにしていきましょう。ネガティブな自分を否定しないかぎり、ポジティブに自分が変化して成長していくことはないとは思いませんか。

自己肯定感は、自分のスムーズな成長をスイスイと導いていく感情です。ただし、この自己肯定感を、ネガティブな状態にとどまろうとする怠惰な自分に当てはめてはいけません。

変化し成長していくプロセスにある自分に自己肯定感を抱いて、自分の活動的な側面をとことん認めていくことが大切なのです。

自分の勉強をサポートしてくださる人に叱られることで、ネガティブな自分が否定されます。ネガティブな自分が否定されるのはポジティブで自分にとって肯定すべき出来事ですから、これに肯定感をもつための言葉を積極的に口にしていくとよいでしょう。

いつも「自分が正しい」と思わず、「これは自分が悪かった、ごめんなさい」「これも自分のプラスになることだ、ありがとうございます」と即座にネガティブをポジティブに転換しましょう。スイスイと変わっていく自分を、心から楽しめるようになります。

24　やる気を汲み取るコミュニケーションを、ポジティブに行おう

自分のネガティブな思い込みは、相手にも伝わります。人はネガティブな思考に基づいた表情や行動を、無自覚的に行ってしまうものです。

逆にいうと、ポジティブな思い入れはポジティブな印象を相手に与えます。勉強の場面でも、ネガティブな思い込みやポジティブな思い入れの影響を十分に考慮していく必要があるとは思いませんか。

ネガティブな錯覚や思い込みにとらわれると、勉学へのやる気は削がれて心身の健康も損なわれていきます。ポジティブな錯覚や思い入れがあると、勉学へのやる気は満ち溢れて心身もどんどん快活になっていきます。

勉学において特に重要なのはサポーターとの信頼関係で、ポジティブな思い入れをもって互いの人間関係をつくっていくことが大切です。互いのポジティブなやる気を汲み取り合うコミュニケーションに取り組んで、サポーターと相互に前向きの錯覚をつくっていくことです。

サポーターとの関係がネガティブに陥りかけているような気分になったときは、たとえば「先生はいつも僕の味方だ」「お母さんは絶対わたしの味方」と口にしてみましょう。

言葉の力に誘導されて、思考がポジティブなものへと変化していきます。

25　サポーターと立場を理解し合って、建設的な関係を築くことがポジティブ

勉強とは建設的なもので、勉強の習慣化とその積み重ねが学習姿勢の基本になります。建設には理解者の存在が不可欠で、互いに相手の立場を理解し合える人が周囲にどれだけ多くいるかで勉強の成否も決定していくものなのです。

激励とは理解ですので、理解なくして激励はありえません。単なる励ましは人を苦しめていくだけなのであって、人の立場を理解した上でときには「無理しないでね」との言葉がけが何にも勝る激励の言葉になることがあるのです。実際「頑張れ、頑張れ」といわれて、とても苦しい思いをした経験は誰しもあるものです。

勉強に取り組んでいくうえで、メンタル管理は欠かせません。コンスタントに勉強で成果を出していて感情が安定している人は、周囲にサポートしてくださる理解者が大勢いる人だと断言できます。ポジティブな勉強とは、決して孤独な戦いを自分に強いていくものではありません。

勉強が建設であるというのは、人間関係が建設であるのと同じです。自分が進める勉強に、誰かとのポジティブな人間関係が背景にあるでしょうか。

理解し、励まし合う人間関係のなかでこそ、自分の勉強に進めていくだけの価値が生まれることを知りましょう。

26 「これでよかった」と肯定感をベースにして、あらゆる見方を受け入れよう

ポジティブに勉強の実践で、多くの人と関わっていきましょう。すると勉強の仕方や取り組みなど勉強を実践していく上で、さまざまな意見や考え方に触れる機会があると思います。

周囲のサポートしてくださる人の意見が、自分が取り組んでいる勉強の仕方と一致する場合もあるでしょうし異なる場合もあるでしょう。

周囲の人の意見が自分の意見と一致している場合には、「これでよかった」と自分の勉強のやり方に自信をもってポジティブに取り組んでいくとよいでしょう。サポートしてくださる人の意見が自分の意見と異なる場合にも、「これでよかった」と受け止めましょう。どんな意見や考え方も肯定感をもって、柔軟に受け止めていくことがポジティブです。

自分の勉強のやり方がうまくいっているときは、そのまま迷いなく自分の取り組みを押し進めていってよいでしょう。自分の勉強のやり方ではうまくいかないときには、修正の必要なところを人の意見を参考によりよいものにしていくとよいのです。

周囲のサポートしてくださる人の意見を、肯定感をもって受け止めておくことが重要です。自分と意見が違うといって頭から人の見解を否定してしまうと、必要なときに視点を柔軟にシフトする発想が失われてしまいます。

27 勉強では現実が変化する実感のなかで、夢を実現していこう

自分の学力がポジティブに変化していると実感できるということと、自分自身の学力が高まり自分の実力が錬成されていると手応えをもって感じられるということ。一定の達成感が実感できることで、自分の夢の実現が本当にリアルなものとして確信できるようになります。実感が伴わないところに、勉強の成功はありません。

資格試験でも受験勉強でも手応えをもって合格を確信できるレベルを固めていくなかで、さらにより上を目指していく姿勢がポジティブです。地に足がつかない姿勢での勉強では、背伸びをすることさえ不可能ですから。

背伸びをしてチャレンジする場合には、自分に背伸びができる足場があるかどうかを確認することが大切です。試験の受験機会は限られていますから、適切に自分の足場を固めていく姿勢で試験の受験プランを考えていくことが大切です。

最終的に自分の将来への夢を実現するために、勉強に取り組んでいるということを決して忘れてはいけません。短期的・中期的な結果で自分の実力を大幅に超えた進路実現に成功したところで、長期的に自分の将来の夢の実現にそれがつながらないとまったく意味がないのです。

自分で自覚できる本当の実力養成に取り組むことこそが、ポジティブなのです。

28　思考習慣を整えて、感情をポジティブに誘導しよう

たしかに勉強をめぐって自分と他人を比較してもしょうがないのですが、人はどうしても誰かと自分を比較して喜んだり落ち込んだりする側面があるのも事実です。あこがれも嫉妬も、相手を自分より上と見ているのは事実としては一緒。ポジティブな感情は自分の内面に動揺を与えませんが、ネガティブな感情は自分の学習活動の停滞を招きます。

感情が自分で直接コントロールできるとよいですが、感情は本質的に受動的なものなので、なかなかそうはいきません。感情を自分の意志でコントロールするのは困難ですが、しかし感情を一定の方向に誘導することは可能です。

では、感情をポジティブな方向へ誘導するにはいったいどうするとよいのでしょうか。

感情は、思考習慣からくるイメージによって強化される傾向をもちます。

ですから自分のなかで、習慣的に定着していくイメージをネガティブなものからポジティブなものへ改変していく実践を行っていきましょう。

目の前で展開する事実に意味づけを行うのは、自分の言語的な思考です。この思考を実際に自分が発言する言葉を通して、ポジティブに意味づけをしていくのです。

目の前で何が起きても、まずは「これでよかった」と発言するのが基本的な取り組みです。

29 自分の頭に浮かぶ発想を、すべて肯定的にとらえよう

勉強にポジティブに取り組んでいると、いつもいろんなアイデアが頭のなかに浮かび上げってきます。自分の着想を否定せずに、すべて肯定的にとらえていきましょう。

自分のポジティブな発想にリミッターをかけないことで、よりいっそうポジティブな考えに思い至る可能性が高まります。

「自分は天才だ」と頭のなかに浮かんだときには、その自分のポジティブな発想を全面的に肯定してしまうのです。ポジティブな思い込みはさらにプラスの着想を呼び起こす可能性を生み出します。「自分はできるのだ」との思いが、可能性をより広げるのです。

天才にとって「勉強は楽しい」ものですから、「自分は天才なんかじゃないです」と控えめに思い込む必要などないのです。

ネガティブな自分を否定する周囲のサポーターはありがたい存在ですが、ポジティブな自分を否定するサポーターについては気にする必要などありません。

ここでは学校の成績の良し悪しといった表面的な問題をいっているのではなく、自分に対して抱く肯定感がもつパワーを問題としています。勉強にプラスの発想を頭に抱き続けることが、自分の成長する可能性を高め続けていくのです。

30 驚きを抱くと、ポジティブに勉強が前進していく

発見や気づきなど驚きの要素が、勉強には必要です。勉強の局面局面で驚きを抱くことで、勉強を継続していく駆動力が生まれます。勉強の習慣化ということと惰性の勉強ということとは、違うことです。単なる惰性に陥らないために、勉強には刺激が必要です。

新しい事実や発見から得られる驚きは、勉強の楽しさの醍醐味です。日々新たな取り組みから、新しい刺激を自分の学習生活にもたらしましょう。

習慣化や定着といっても、それは同じことの単なる繰り返しではありません。一歩前進し、ゆっくりと進化していく実践に取り組み続ける習慣化が大切なのです。

自分は驚きを抱く内容には、周囲も驚きを抱きます。周囲に驚きを与える内容を追求し、自分の勉強をどんどん充実させていきましょう。何よりも周囲が驚きを抱くのは、いうまでもなくあなた自身が勉強で成長していく姿です。周囲に「あっ」といわせる取り組みを、日々重ねていく姿勢が大切です。

自分の勉強に自信をもって、ライバルやサポーターのなかに分け入っていきましょう。思いがけず、みんなが肯定感をもって自分の取り組みを見てくださっていることに気がつくでしょう。

その驚きが、自分の勉強への取り組みのさらなる駆動力へと転じていきます。

ポジティブ勉強術　基礎編

③　行動の章

31　学習目標を、体験化し得る数で具体化してみよう

学校教育のなかでつよい偏差値信仰があるため、学習目標を数値であらわしていくことがよくなされます。しかし「偏差値を10アップする」というような目標設定をしても、学習の具体的内容まで定められているとは言えません。

学習目標を数であらわすのは、ポジティブでとても適切です。ただし注意がいるのは、それがリアルで具体的な自分の体験する表現としてあらわされているかどうかです。自分が実経験として習慣化していける学習目標を立ててこそ意味があるとは思いませんか。

学習目標を立てるときは、数で自分の実体験を把握していく仕方でリアルに目標を立てていく必要があります。「英検2級を取得するために対策問題集を1か月で3回繰り返すので、1日そのための勉強時間を30分確保し4ページ勉強を進めることにする」。実際に問題に取り組んだ経験から自分の学習スタイルを定めて、実践を習慣化していくことです。

直接経験から自分を知り、そこからイメージを描いて自分の行動レベルを数で把握することが大切です。偏差値という抽象的に数値化された実力で自分の行動レベルを測るのではなく、実際に「何回単語を暗記し直すと完全に覚えられるか」という具体的な体験を数で捉えていく学習目標の設定に取り組みましょう。習慣化とは、体験的なものですから。

32 意図して「これだけしかやらない」という勉強量、勉強時間を定めてみよう

日常的にポジティブに学習習慣が身についている人は、意図的に勉強量や勉強時間を限定しているものです。ガリ勉タイプの人がストレスフルに勉強しているのに比して、無理なく着実に学習成果を上げている人がこのタイプです。

細切れの勉強をたくさんしながら、飽きることなく継続的に勉強を進めることに成功しているタイプの人がいます。自分の成長をいろんな局面から体験的に味わって、学習を楽しんでいる人は本当につよいとは思いませんか。

学習を意図的に限定するという場合、たとえば大学受験でいうと「5教科を3教科に限定して、私大の上位校を狙う受験体制で取り組もう」という変更をする人がいます。ここで言っているのは、このような大枠での限定のことではありません。むしろ各教科のそれぞれの単元を細かく分類して、それぞれを一つひとつ征服していく姿勢のことです。

勉強時間についても「まずは1日5分だけ机に向かう、それ以上はしない」という決め方をして、それを1週間続けてみます。まずは少量から取り組むというのは、勉強の魅力をじっくり味わっていく上で適切な取り組みです。「もっと知りたい」というポジティブな思いを呼び起こすために、逆説的ですが意図的に「やらない」試みを取り入れましょう。

33　自分の学習成果をカタチにして、ポジティブに残していこう

勉強に向けて自分が努力した結果を、カタチにして残していくことはポジティブです。卒業証書はモノとしてみると紙切れ一枚のことですが、小学校のものから大学のものまで捨てられない貴重な自分の足跡だとは思いませんか。

英検や漢検などの各種検定試験を低位級から受けることにどれほどの意味があるのか、疑問視する人がいます。たしかにあまりに自分の実力からかけ離れたレベルの試験は意味がないでしょうが、「ちょっと背伸び」すると取得できる検定資格には学習への意欲づけという意味で非常に有意義です。

小学生だとシールやカードで自分の勉強の成果を激励してもらうだけでも、喜んだりします。大人だと大学院への社会人入学などで、学位取得を目指してみるのもよいでしょう。学習成果をカタチとして残す何かが、自分の勉強を進めていく上で1つのペースメーカーになるのです。

自分で自分にご褒美を用意するのも、良いですね。あの課題を達成できると、あのご褒美が得られるという約束を自分のなかで決めてみましょう。

「英検準一級に受かってイギリスへ」なんてご褒美を用意して海外旅行貯金をすると、お金も貯まって一挙両得です。

34　思考の現実化を、勉強への思いをアウトプットするなかで実感していこう

思考が現実化するプロセスを実感で体験できている人は、勉強でもつよいです。習慣化のもつ力を確信できていて、具体的なプランを計画的に順序立てて実践すると必ず実現すると信じることのできる人です。勉強しても結果は出ないと思っている人と勉強すると必ず結果が出ると思っている人とでは、取り組みに差が出るのは当然だと思いませんか。

実際に思考をアウトプットする習慣づけに成功すると、本当にできるようになります。多くの人はこのアウトプット自体にリミッターをかけてしまい、自分の可能性を閉ざしてしまっています。「思うことはできる」という実感を得て、自分の行動にリミッターをかけないようにすると勉強もスイスイ運びます。

具体的に「これをしよう」と思う勉強を、20ほど書き出してみます。そして達成可能なものから、順序立てて取り組んでいきます。1つずつではなく、並行して複数の勉強に取り組みます。30分から一時間の単位で、細切れの課題を実際に消化していきます。

自分の頭のなかの勉強プランを少しずつアウトプットして取り組むと、現実に「やるとできる」という感覚が習慣的なものとして身についていきます。その感覚を大切にして、一旦アウトプットした勉強課題は必ずやり遂げる自分にプロセスで成長させていくことです。

35　向上心を感じさせる言葉はすべて、勉強には肯定語ととらえよう

将来に向けての目標は、もちろん人それぞれです。そのすべてを、自分が勉学に励んでいく上で肯定的な意味合いからとらえていきましょう。勉強が個性を奪うものではなく、個性をポジティブに伸ばすものであることに気がつく必要があるとは思いませんか。

文武両道は教育の理想で、あらゆる分野で一流を目指すポジティブな人間像を表す言葉です。何かをネガティブに限定して他の何かをポジティブ化するという発想は、その発想自体が限定的でネガティブなものです。何かができない自分を認める発想から、理性的で行動的な人間が生まれるでしょうか？　身体的な成長は、健全な人格形成に欠かせません。

バランス感覚で教育を見る発想を転換し、適切に切り替えながら意欲的にあらゆる分野にチャレンジする精神を養いましょう。勉強にオンの時間をポジティブに過ごし、勉強にオフの時間もポジティブに過ごすことです。どちらもオンにすることのできる人が、本当に社会で活躍するよう成長できる人間なのです。

別の何かに気を取られている自分をポジティブに肯定し、リミッターなくそこに集中しきってそれに取り組むことで勉強への切り替えもスムーズです。「これも自分のプラスになることだ」と口にして、自分の今の実践が勉学に貢献する側面に注目していきましょう。

36 スマイルとほめ言葉は、勉強に向かう姿勢をポジティブに高めていこう

本当に、ガリ勉がいいですか？　この問いに素直に「イエス」と答えられる人は、勉強に向かう姿勢に迷いがないでしょうから本書は必要ないでしょう。

ポジティブ勉強術は勉強にポジティブな自分もネガティブな自分も実際にはいるなかで、自分がポジティブに勉強に取り組んでいる側面のほうに意識を向けることを提唱しています。

スマイルスマイルで「よくやっている」自分や「よくやっている」生徒・子どもたちに、肯定的な言葉を与えていくことが大切です。ネガティブな言葉はネガティブな現実しか生み出しませんから、ポジティブなほめ言葉から現実を変える可能性をつくり出していくほうが圧倒的によいのです。「やっているので、できるようになる」と信じ切りましょう。

勉強でネガティブな言葉を子どもにかけると子どもに勉強へのネガティブな意識が芽生え、勉強に向かう姿勢にリミッターをかける根拠づけをし始めます。スマイルでポジティブな「良くできるね」のほめ言葉を、シャワーのように浴びせていくことが重要なのです。

できない問題があっても、「これはできなくてもよい」と言ってはいけません。「勉強するとできるようになるよ」と言って、将来への可能性を信じさせる言葉がけを肯定語で行います。否定語の力は強烈で、できない自分の正当化をすぐ行ってしまうものですから。

37　勉学意欲にリミッターをかける必要は、まったくない

良いことは長続きするものですから、良いことを持続するのにリミッターをかける必要はありません。勉強は良いことですから、「ここまでのレベルに到達したから満足」などと自分で向上心に制限をかける必要などないのです。

たしかに勉強を進めていく上で、調子が良いとき悪いときがあるかもしれません。好不調の波を自分勝手にリミッターと判断して、勉強の継続を途絶えさせる必要もありません。継続こそが自分の成長と未来を切り開く鍵ですので、習慣化でとにかく一定の勉強を続けていくことが大切なのです。

一旦勉強が調子に乗ると勉強へのパフォーマンスが向上し、自分が想定していた以上の成果が現れていきます。「どんどん良くなっていく」成長の実感を感じ取りながら、グングン勉強を進めていきましょう。「毎日良くなっていく」実感が、重要なのです。

調子が良くて気分が良くなってくると、勉強に油断ができて「この程度で十分だろう」と判断してしまいがちです。せっかく勉強のパフォーマンスが上がっているのに、手を抜くことほどもったいないことはありません。継続こそ、本当の力。休息日などつくらず、一定量を継続してやり続けることで目を見張るような成果が生み出されていきます。

38　勉強に、かっこよさを追求していこう

勉強に励むことは、かっこいいことです。ですから勉強の仕方には、かっこよさを追い求めてみましょう。社会人でも仕事のできる人は、かっこよく仕事をしているイメージがあります。キビキビした振る舞いやハキハキした行動が、勉強の場面でも大切だとは思いませんか。

血のにじむような努力や苦労を重ねて勉学で成功した経験を聞かされても、誰だって自分が血を流すのは嫌なものです。勉学で成果を上げた人が、いかに勉強を楽しみながら取り組んだかという側面に注目していくことです。

苦しいだけの勉強を継続的にやり続けることなど、人には到底できないことです。成果を上げている人は、必ずどこかに勉強を楽しめる要素を取り入れているものです。勉強ができる人には、スマートで爽やかなイメージがあるものです。

「勉強が趣味」とか「仕事が趣味」とかいうと、たしかに何かネガティブな響きを帯びます。勉強について、より具体的に「語学の学習が趣味」とか「古典文化の研究が趣味」とかいってみるのがよいでしょう。

勉強は抽象的な表現をするとガリ勉イメージになりますが、具体的に表現すると一気に趣味が多彩な教養人の趣きへと変貌するのです。

38　自分の勉強をサポートしてくださる人をどんどん増やしていこう

自分の勉強を全面的に助けてくださる人がいると、嬉しいですね。

ただ全面的なヘルプを誰かに求めても、なかなかそういう都合の良い人は周囲に現れてはくださらないものです。

むしろ自分の勉強をアシストしてサポートしてくださる人を、たくさん周囲に見出していくことのほうが結果的にはポジティブです。

誰かに全面的に甘えてしまう勉強では、自分の実力養成につながらないとは思いませんか。ですから、自分のペースメーカーになるようなサポート関係を築ける相手をより多く見つけ出して仲良くなっていくことのほうが、自分の勉強力を伸ばしていく上ではポジティブなのです。

その相手とはあくまでサポート関係ですから、過干渉な人は自分の側に置かないほうがよいでしょう。脇役に徹してくださる人のほうが、自分の勉強を進めていく上ではちょうど良いのです。

自分の学力を伸ばしていくという意味から、自分で最終的にはやる姿勢を見失ってはいけません。

勉強の主体は、あくまで自分です。

舞台の主役は自分であるとの自覚から、周囲のサポートに感謝して自分の役割をポジティブに演じ切っていくだけです。

40 自己満足の勉強は、ネガティブなものになりがち

勉強は、する側も教える側も自己満足に陥らないように注意する必要があります。何かを生み出して人に喜びを与えることを基準にすると、自己満足の勉強では不十分であることに気がつきます。自分が基準のわがままな勉強で、自分が成長できると思いますか。

勉強をする側が、自己満足の勉強をしているだけというのはよくある話です。主観的な評価だけでなく客観的な評価も得られる勉強の成果があってはじめて、その勉学は周囲からの評価を得られたことになります。単に勉強していることに満足しているだけなら、「趣味は読書です」というのと何ら変わりませんから。

勉強を教える側が、自己満足に陥った指導を相手に施してしまっていることもよくある話です。自分では勉強を教え切っているつもりで相手は耳を閉ざしてしまっているケースでは、勉強ができないネガティブな理由も相手に押し付けられてしまっています。強制では自主性が磨かれませんから、結果的には相手の成長につながらないのです。

勉強を進めていく上では、視点を相手に合わせていく必要があります。自分が勉強することで喜んでくださる人を見出し、その視点に合わせていくよう勉強することです。自分が勉強を教えることで、相手が本当に喜んでくれる水準を目指すということが大切です。

41　習慣化と惰性とを区別して、学習目標への意識を明確にしよう

集中力を欠いた勉強は、効果的ではありません。自分が集中して何回学習を繰り返すことができるかということと、集中して何時間学習に取り組めるかということについての自己認識を深めることがポジティブに勉強を継続していく上で是非とも必要になります。

たとえば、暗記学習の目標設定を回数に置くことを考えてみましょう。単に「英単語を10回書いて覚える」という学習のゴール設定をするだけでは、不十分です。自分の集中力の持続が同じ単語を3回書くくらいの程度だとすると、その度合いを考慮して「集中して英単語を3回書いて覚える」としたほうが当然効果的な学習に取り組めます。

着実に学習成果を上げていくためには、勉強時間についても自分が学習にポジティブな姿勢を持続できる時間のスパンを考えておく必要があります。ネガティブに「ダラダラ」とした姿勢ではなく、ポジティブに「キビキビ」した姿勢で学習に取り組める時間の幅を自覚するのです。丁寧に勉強に取り組むことと、堅実に前進することが大切なのです。

そのスパンが30分程度の時間幅だとすると、むしろ30分程度の細切れの学習プランを多く組んでみましょう。複数の教科・科目の勉強で切り替えたり、使用テキストを切り替えたりして学習していくことで、より高い学習効果を目指すことができます。

42　単調でシンプルなルーティンワークを、ポジティブに積み重ねよう

勉強を進めて実力をアップしていくためには、単調でシンプルなルーティンワークを適切に勉強の計画のなかに組み込んでいく必要があります。小学生のときに、学校の宿題で漢字１００字練習を毎日していたあの感覚を思い出してみるとよいでしょう。

実は私たちは、単調でシンプルなルーティンワークが大好きです。その学習作業が単調であればあるほど、あるいはシンプルであればあるほど、その作業にポジティブにのめり込んでいくことにつながります。１００字の漢字帳での練習のイメージで、いまの自分の勉強のスタイルもシンプル化することが勉強の継続に結びつきます。

人は簡単にできることは続けることができますが、ややこしいことはなかなか継続して続けられないのが実際です。シンプルで簡単なことを繰り返すなかで、自分がレベルアップしているのを実感できる指標をつくっていくとよいでしょう。

大きな学習目標を小さな目標へと落とし込んで、着実にレベルアップしていく実感を感じながら勉強を進めていくことです。水泳で１００メートル、１０００メートル泳げるようになるには、まず50メートル泳げる必要があるのと同じです。

作業を分けて、シンプル化し単調に繰り返すことができるようにすることが大切です。

43 勉強には、時間と競争する意識で取り組もう

多くの場合、勉強は時間との競争です。勉強のライバルである誰かとの競争という側面よりも、将来の目標に向けてどのように自分の実力アップの達成を図るかという側面のほうがつよいとは思いませんか。

誰かとの学力比較が、自分の勉強への動機づけの一部になるという側面もたしかにあるかもしれません。しかし注目すべきは長期的・中期的な実力アップの目標に向けて、短期的に自分がどれだけ自分の学力を伸ばすことができているかということのほうにあります。

誰かとの比較がネガティブなメンタル状態を自分に生み出してしまうようだと、それは自分の勉強に向かう姿勢のリミッターにつながりかねないので、ポジティブに勉学意識は時間との競争のほうに向けていくほうがよいでしょう。まずは、今日1日何をすることができたかということに目を向けてみることです。

今日1日の計画を細切れに組んで、午前中何をすることができたか、午後はどうだったか、あるいは夜はどうだったかというように意識を勉強に向けていくことです。そのためにも計画の立案とその達成状況について、アウトプットの作業が是非とも必要です。何かに書き出し残す仕方で、自分の勉強の足跡を残していくことはとてもポジティブなのです。

44　勉強で自分が成長する物語をつくってみよう

義務的にやらされる勉強ばかり頭のなかでイメージしているようでは、自分が自分の意思で成長していくことはいつまでも困難です。自分の自己実現を目的にする勉強に自主的に取り組んで、自分を成長させて成功を手にしていきましょう。

偉人の伝記などを読んでいると、絵に描いたような成功のストーリーです。もちろん過去の偉人の人生の全体像をくまなくイメージすることは、現在の私たちにはできません。それでも偉人の人生は局面局面を断片的につなぐと、成功のストーリーができ上がるということです。

私たちが勉強で成長し成功を収めていくためには、局面局面での成功体験を明確にイメージすることが必要です。

長期的中期的に自分の成長する物語をつくりあげて、短期的に勉強で何をするべきかをはっきりさせましょう。そして問題になるのは、その目標に向けて今日いったい何ができたかです。

自分が成長し成功する物語の全体のなかで今日１日の局面を意識して勉強を進めていくと、毎日の生活の意味が一変します。

自分の人生を「他の人のため」になる人生とすることができると、あこがれの偉人のような人生を必ず送ることができます。

45　100点を取る人は、120点の努力をしている

100点を目指してする努力は、通常70点程度の結果をもたらします。普通の場合には実際この程度の達成度で十分満足していいわけで、「これでよかった」のだと受け止めていってかまわないでしょう。無理せず楽天的に勉強に取り組むことで、ストレスなく勉強生活を継続していけます。まだまだこれからが自分の成長期だと、よりポジティブに自分を高めることを目指す人は100点の結果を自分に求めることでしょう。

「これがよかった」のだといえる最高の自分を勉強で追求していくことは、よりポジティブな学習姿勢を促すので推奨されるべきことです。

勉強に取り組むあり方は人さまざまですし、求められる成果もケースバイケースです。自分を成長させ高めていこうとする勉強は、是非百点を取るために120パーセントの努力をしていきたいものです。

自分のベストというのは自分の成長につながる努力をいうわけで、これまでの自分の限界を少しでも超える必要があるものです。

勉強でも同様で自分にとっては100点といえる成果ではなく、自分にとっては120点といえる成果を得ていく努力が必要なのです。

46 より実力がアップするように、ポジティブな視点をもとう

たとえば、試験で70点取れていて、さらに上を目指していこうとする場合を考えてみましょう。まだできていない30点分に注目して「ここができるようになったら、もっと成績が上がるはずだ」と思っても、実際にはその30点分を穴埋めするような勉強ってなかなか取り組めなかったりしませんか？

こういうときは視点の置き方をポジティブにして、シフトチェンジすると勉学意識が変わります。「これだけできたのだから、もっと成績が上がるぞ」と、自分ができなかったところではなくできたところのほうに視点を置いて結果をとらえてみてください。

自分が費やした時間と努力で70点だと、もう一度同じだけの時間と努力を費やすと倍の１４０点です。つねに前へ前への発想で取り組むと、勉強は倍々ペースで実力が伸びていきます。できていないところに注目して「ここが征服できていないので、まだ前に進めない」という視点に陥ると、勉強のペースが鈍化するのは当然だといえるでしょう。

勉強のプロセスでは精神論から完璧主義にこだわって、なかなか成績を上げることが難しい部分にばかり注目しがちです。自分は「成績を上げることができない」という思い込みに陥らず、本来もつ伸びる部分への意識をつよめていく取り組みが必要です。

47　勉強友達を、たくさんつくろう

共通の目標に向かって、ともに勉強を進める友達を多く持ちましょう。そして互いに勉強になる情報を共有し合って、互いに高め合うことのできる関係を築いていきましょう。友達も勉強を進めているから、自分もいまの勉強を進めていくことができるのです。

友達と同じ歩みを進めていくとともに、ちょっとだけ友達より少し前に進んでみようという勉学意識があるとちょうどよいでしょう。互いが互いを高め合う関係になるには、ポジティブに前向きな志向を感じさせる取り組みを互いが実践することが必要です。

ライバル関係とまでいうようなつよい競争意識は、必ずしも必要ありません。競争意識が高まりすぎると、一方が競争をやめると自分もやめてしまうような事態に陥りかねません。競争が目的なのではなく自分を高めることが目的ですから、より緩やかな関係のなかで互いを刺激し合う勉強友達を多くもつことが大切です。

「こんな勉強をしていると彼に話すと、喜んで話を聞いてくれるかも」なんて感じで、次の機会にもう一度話のできることを楽しみ合える友達をもちましょう。

互いの勉学への取り組みを認め合いながら、一歩前進でより高いところにチャレンジし続ける友達を多くもつことで自分の勉強を高めていく習慣が定着されていきます。

48　勉強の時間に余裕があると、奇跡が起きる

勉強で成長するには、時間がかかります。逆にいうと時間に余裕をもって勉学に取り組むと、絶対に失敗はありません。勉強にこそ時間的なゆとりをもって取り組むことが大切で、時間的なゆとりがあるから遊ぶのでは決してありません。

「今日は時間に余裕があるから、1時間多くゲームをしよう」という発言を、「今日は時間に余裕があるから、1時間多く勉強しよう」という発言に転換してください。肯定的な理由づけが後の行動へのスムーズな移行を可能にするのであって、勉強への理由づけをポジティブなものにするのが大切なのです。

「時間がないから、勉強しよう」では、理由づけがネガティブです。ネガティブな理由づけからの行動は、ストレスフル。「時間があるから、勉強しよう」という言葉を原則的に使っていくと、自分の生活がポジティブに一変します。

遊びは時間にゆとりがないときこそ、実はすべきことです。ストレスフルな自分を変化させるのに、時間を決めてするのが遊びなのですから。実際「時間がないから、ちょっと遊んでおこう」と、口にしてみましょう。勉強に弾みをつけるのに、ちょうどいいくらいの遊びに落ち着きます。勉強に前向きな自分に変化するには、一瞬で十分なのですから。

49 いつも前向きな自分を肯定することから、勉学への意欲が生まれる

「もっと頑張れ」と勉強のサポーターから発破をかけられるより、「いつもよくやっているね」と声をかけられたほうが嬉しくないですか。一生懸命がんばっている自分を認めてもらえると、周囲からの応援が感じられて素直に頑張りを継続できるじゃないですか。

自分の周囲の理解者の存在は、ポジティブに勉学を継続していく上できわめて重要です。自分の取り組みに理解あるサポーターとの関係を大切にして、勉強にポジティブな自分をどこまでも保ち続けましょう。

ネガティブな心理状況に陥ると、周囲の少数のネガティブな人の言動のほうばかりが気になります。実際にはポジティブに自分を応援してくださる人のほうが多いという事実に気がつくために、自分を応援してくださる人を一度リストアップして視覚化するのもよいでしょう。

勉強の場面では、勉強友達の存在も大切です。

自分が応援している勉強友達をリストアップして、毎日見てみるのも1つです。

そんな勉強友達に学校で出会ったときには、「いつも応援しているよ」「お互いいつもよくやっているね」と声かけし合うとよいでしょう。互いの取り組みへの肯定感が、自分の勉学意欲をさらに促進していきます。

50　自分ではなく、他の誰かを喜ばせる勉強を進めていこう

自分が勉強を進めていくことで自分が喜ぶことができるというだけでは、勉強に向かうポジティブさはまだ不十分です。自分の勉強が他の誰かが喜ぶことにつながることが、ポジティブ勉強術の要件なのです。

人は他の誰かが喜んでくれる取り組みに、自分自身本当の喜びを見出せるものです。自分だけがその勉強をしていて楽しいというのではなく、自分の勉強の成果で誰かが一緒に驚いたり喜んだりしてくださる状況を人は望むのです。

とくに自分をサポートしてくださる人が喜んでくださっている顔を想像しながら取り組む勉強は非常に効果を発揮するもので、どんどん周囲の喜ぶ顔をイメージして自分の現在の勉強に意識を集中していきましょう。人間はつねに自分にとって親しい関係にある他者とのつながりのなかで、何かに取り組んでいるのです。

自分一人で取り組む勉強は、ちょっとした出来事で簡単に挫折する可能性があります。イメージのなかの他者の喜びは、将来の勉学の成就に向けて自分を励まし鼓舞してくださるものです。

いまの自分の勉強の意義を将来の周囲の喜びに見出して、微笑み楽しみながら勉強に取り組んでいきましょう。

51　未来志向で、勉強が現状よりどんどんよくなっていくポジティブ状態に高めよう

過去から現在までの勉強を振り返って反省し、ネガティブに後悔する必要はありません。自分のしてきた勉強のポジティブな側面に注目し、そのプラス面を評価してさらにその上を目指しましょう。マイナス面を振り返って反省しすぎると、気分が落ち込みすぎて将来の勉強に向けてはむしろ逆効果だとは思いませんか。

「この勉強の仕方で今回うまくいったので、次はこうするとさらに効果が高まりそうだ」というように、よいところをより伸ばしていく発想を抱くように心がけましょう。うまくいかなかった勉強ばかり反省していては、気持ちが滅入ってしまって次へのステップに必要な勉学意欲の盛り上がりが生まれてきません。

本当にダメな勉強は、反省するまでもなくダメな勉強であることがほとんど。

明らかな手抜き勉強で効果が出るはずなんてないわけですから、「もっとうまく手を抜いて、効果を出すことのできる勉強法があるはずだ」なんて、どれだけ検討しても意味があるはずはありません。

明るく元気に誠実な態度で勉強を進めていって、効果が出ないことはありません。勉強にネガティブな発想を根本から改めて、より伸びる勉強に取り組みましょう。

52 ひたすらやり続けて、ポジティブな達成感を獲得しよう

勉強で自分を成長させていくための原則は、次の3つしかありません。勉強にポジティブに取り組むこと。スランプに陥っても「ピンチこそチャンス」ととらえること。そして、ひたすら上を目指して実力アップに挑戦すること。これだけです。

勉強に取り組んで、一定の達成感を獲得していくことは非常に大切です。達成感は勉強意欲をポジティブに高めるので、継続的に実力をアップさせていく駆動力になるものだからです。何かを達成しようと思うと、たしかに時間がかかるかもしれません。しかし時間がかかる分、その取り組みから得られる達成感と高揚感は絶大なものがあります。

とにかく100パーセントの達成感が得られるまで、何度も何度も同じ勉強を繰り返す実践は時に必要です。できなかったところだけするやり直しは自分のもつネガティブで未達成な部分にだけ注目するやり方なので、おススメできません。

やり直すときはすべて最初からやり直す姿勢を身につけると、できているところのスピードアップも図れますし自分ができていないところを全体のトータルから鳥瞰的に見返すことができて、自分のポジティブな学習姿勢を傷つけることもありません。基本的な学習スタイルに「もう一度、最初から、しっかりと」取り組む姿勢を取り入れていきましょう。

53 ポジティブな行動習慣が、良い思考を自分の勉強にもたらす

勉強ができる人ほど、いつもニコニコしています。勉強ができる人ほど、いつもハキハキしています。勉強ができる人ほど、いつもキビキビしています。ポジティブな行動習慣が、勉強に向けて良い思考習慣をつくりあげていて良い影響を及ぼしているのです。

勉強で夢や目標がないと、勉強で自己実現ができません。勉強で夢や目標があると、勉強でその夢を実現する方向にスタートを切ることができます。勉強のスタートを切った後は、夢や目標を実現しようとするポジティブな思考習慣を継続するために良い行動習慣を身につけていく必要があります。

勉強に向けてポジティブな思いがあっても、具体的に勉強を重ねるポジティブな行動がともなわないと勉強で自分が成長することはできません。成長のためには行動が必要で、「しながら学ぶ」「習うより慣れろ」の具体的な実践が大切になってきます。

「できない」「無理」と口にして最初から勉強へのポジティブな思考と行動にリミッターをかけてしまう人は、まず自分の言語習慣を転換していきましょう。「できる」「なんとかなる」と口にすると、ネガティブな思考が封じられて、ポジティブな思考と行動が促されます。ポジティブな行動を導くのは、自分が発するポジティブな言葉にあるのです。

54　カタチから入って、勉強の行動パターンを確立しよう

勉強の内容面は後からついてくるもので、まずは勉強のカタチを決めて行動開始してしまうことが勉強を進めていく最初の段階では必要になります。

日課として毎日取り組む勉強のスタイルを確立して「必ずこの勉強は毎日こなす」作業をポジティブにつくっていきましょう。

行動のカタチができて、行動に中身をともなわせていこうという意識が芽生えます。

まずはカタチから入るというのは何ごとにも通じることで、勉強にかぎらずスポーツでも仕事でも同様です。

カタチは簡単に取り組めるものにするのが原則で、「基本英文を1日3つ、完全暗記する」などというように自分で取り決めていきます。

カタチはちょっと背伸びすると必ず毎日1日に達成することが可能なレベルにとどめるのがポイントで、着実に勉強のカタチが将来に向けて形成されていくものにします。

勉強の1つのカタチの形成が弾みになって、次のよりポジティブな勉強行動のカタチを生み出します。カタチがどんどん良くなっていくにつれて、それに勉強の内容もともなっていきます。

まずは日課の勉強行動で、カタチをつくりあげるのがスタートなのです。

55 勉強の休憩は、どれだけの勉強ができたか中身から判断しよう

勉強にはカタチから入るのが効果的で、勉強の休憩には勉強の中身から入るのが効果的です。時間を決めてカタチから勉強の休憩をとるやり方は、勉強の中身を削ぐことにつながるのでおススメできません。

休憩のとり方は大切で、勉強できない人は休憩ばかりとっていて勉強自体にはまったく集中できていないものです。勉強のできる人は、まったく休憩をとることなく集中力が維持できるのでしょうか。さすがに同じ人間ですから、そんなことはないはずです。それでは勉強のできる人は、何を基準にして休憩をとっているのでしょうか?

勉強できる人は、自分の勉強量を基準に休憩のタイミングを決めているものです。時間を基準にして「1時間で10分休憩」というような学校の時間割のタイミングではありません。自分の集中力と相談し、「まずは半分やってしまおう」というように勉強量を基準に休憩のタイミングを決めてキビキビとした動きで勉強に取り組みます。

実際半分やってしまうと、残り半分は一気ですから休憩後の勉強の勢いに弾みがつきます。時間を基準に休憩のタイミングを考えると、後回しの発想が働いて後からしわ寄せが来るような勉強スタイルになりがちで要注意なのです。

56　勉強への集中力を増進するために、食生活と睡眠に十分配慮しよう

勉強に集中するためには、基本的な生活習慣の確立は欠かせません。とくに食生活と睡眠には、十分に配慮することが必要です。

ポジティブに勉強を継続していくためにも、トータルで自分の健康管理をしていくことが大切だとは思いませんか。

「健康第一」を生活のモットーにし、勉強に全力を発揮できるためにも自分の体調管理に気をつけましょう。間食や過度の夜食は自分の集中力を削ぐものになりますから、避けることが必要です。「お腹がすいた」と夜食にインスタントラーメンやコーヒーを飲んだりするのは、結果的に勉強へのパフォーマンスを低下させる恐れがありますのでおススメできません。

運動不足に加えて肥満や睡眠不足の原因となるものですから、日常の三度の食事の機会を有効なものにしていく努力が必要です。

睡眠は深さを基準にして、自分に適切な睡眠時間帯を日常生活のなかで決めていくことです。

休日でも起床と就寝の時間は一定にして、「寝だめ」の発想はやめてください。休日で眠りたいと思う場合は、昼寝の時間を午後に小一時間用意すると十分満足できるでしょう。

夜食が食べたくなるときは、豆腐や納豆といった大豆食をとるのをおススメします。

57　勉強の質問や相談をする習慣づけで、サポーターとコミュニケーションをとろう

勉強の質問や相談を周囲の人にすることは、ポジティブです。自分の勉強をサポートしてくださる人とコミュニケーションを図り、自分の勉強を進めていく上で強力なペースメーカーとなるよう適切に相談の機会をもちましょう。

自分の勉強の実力を伸ばすことのできる人は、自分の周囲のサポーターをうまく見極めているものです。そして自分を応援してくれる先生や友達と上手にコミュニケーションの機会をもち、自分の勉強がスイスイ進むよう周囲のアドバイスを取り入れたりセルフコントロールしたりしています。

先生に質問や相談をもちかけてみてサポーターのタイプを見極めていくことで、自分のなかにある対人関係上のハードルを下げていくことを覚えましょう。将来お互いを高め合うことのできる人間関係を周囲と築くことができるようになるよう、勉強の機会に周囲のサポーターとコミュニケートするチャンスを積極的にもつことが必要です。

まずは自分が質問をしてきたことや相談を持ちかけてきたこと自体を、無条件にほめてくださる先生を見つけてください。質問や相談にリミッターを感じさせない関係を結べる人や、オープンに周囲を受け入れている人と関係を築いていくように心がけましょう。

58 自分の主体性を奪わないサポーターとの関係を、ポジティブに築こう

何でもわからないことを質問し相談できるサポーターというのは、たしかに便利で重宝するかもしれません。しかし聞いたことは何でも応えてくださるサポーターというのは、最終的には自分の学習のペースメーカーとはなりません。

自分の主体性を奪うことなく自分の自主的な学習を促しつつ、適切な助言を与えてくださるサポーターの存在こそが貴重です。先生に質問や相談をすることは、ポジティブです。そこから自分で考えて自分で行動し、自分で一定の答えを出していくことはよりポジティブなことです。

勉強で伸びる人は、よく他人にアドバイスをもとめたり勉強の相談をしたりします。

周囲に依存しているように見えますが、その本質は実は自分の学習スタイルのセルフコントロールにあるのです。

良い意味で周囲をポジティブに活用できるのが、勉強で自分を伸ばすことができる人です。そういう人は、決して自分で考えることを放棄しているのではありません。

一定の答えが自分のなかにあって、それに修正が必要ではないか念のため周囲に確認しているにすぎません。

我見に陥ることの危険性を自覚し、その危険の予防策を講じているのです。

59　ポジティブに本気でやると、勉強のうちのたいていのことは実現する

人はなかなか本気で勉強に取り組まないもので、たとえば学校の1時間の授業でも集中して本気で勉強に取り組めない生徒がザラにいます。

本気で取り組まないことが習慣化してしまっている生徒は、むしろサボってネガティブな言いわけを繰り返すことのほうが習慣化しているようでさえあります。

「本気でやればできます」という人は、本気で勉強に取り組む人に失礼です。

実際に本気で勉強に取り組んでいる人ほど、自分の勉強の実力がわかっているので大きなことはいえないものです。

勉強で成果を上げてこそ「本気でやっているのでできます」と発言する資格が得られるわけですから、「たら」「れば」ではなく「から」「ので」で言葉をつないでいく習慣づけがまずは本気で勉強に取り組む人に必要だといえます。

勉強への取り組みの本気さと真剣さは、その人の集中力にあらわれます。

時間の経つのも忘れて勉強に没頭する経験をしたことのある人は、勉強がスポーツや遊びに集中するときと同じように心地よい快感をもたらすものであることを知っています。本気で打ち込んだ勉強には必ず成果が出るものですから、結局は自分の真剣さが問われているのです。

60　勉強への集中力を増すには、時間を限定する発想が必要

集中して勉強に取り組ませるために、塾や進学校の先生によってはストップウオッチを活用される人もいらっしゃいます。時間を忘れて勉強するというのと、時間を考えずに勉強するというのは違います。限られた時間をどれだけ充実できるかを考えて、勉強をするのがポジティブです。

たとえば、社会人が勉強時間を確保するために、通勤時間を活用する場合を考えてみましょう。この場合、朝の通勤電車内の片道30分の時間で何ができるか、あるいは帰りの電車内の30分ではどうかと考えます。

そして、そこでどれだけのことを充実させて勉強することができるか考えて、勉強のツールを用意して行動していくわけです。

1日の生活のなかで自分に許された時間にどれだけ勉強ができるかと考えると、実際そこには限られた時間しかないことに気づかされます。限られた時間のなかで自分で自分に成果を求めると、人間は自ずと自分の取り組みに真剣勝負をしていくものです。

勉強の成果によって得られるものを、イメージしましょう。

それに向かって一定の時間内で集中して自分を鍛えていくイメージは、文科系というよりはむしろ体育会系のマッチョなイメージのほうが近いかもしれません。

61 勉強にポジティブに集中できる空間づくりを行おう

勉強部屋が散らかっていると、勉強に集中できません。意識があちこちに散る要素が部屋中に散見される状況では、1つの勉強に意識が集中していかないのはむしろ当然だといえるでしょう。そういう人は、最初に部屋の掃除が必要になってきます。

自分の部屋は勉強部屋に適さないと考えて、自分の部屋以外の場所で勉強に取り組む人も意外と多いです。自分の部屋では勉強に集中できないけど、リビングやキッチンでは勉強がよく捗るという人がいます。こういう例は、自分の部屋のなかに勉強以外の遊びや趣味の要素を取り入れすぎていると考えられます。

興味や関心があちこちに散る空間では勉強できないのは当然なので、勉強する空間は勉強するためだけに使用する空間として限定していくほうがよいでしょう。実際、図書館や放課後の自習室や教室で勉強することにしている人も多いです。

一番の理想は、自宅の自室が勉強だけに使用される空間になっていることです。本当に勉強に集中した生活スタイルにしようと思うと、捨てるべきものが自宅の自分の部屋に大量にあったりしませんか？　その1つひとつへの未練を断ち切って本当に大事な勉強だけに意識を集中できたとき、自分の未来はポジティブに大きく開けていくのです。

ポジティブ勉強術　基礎編

④　習慣の章

62　テレビ番組の鑑賞は、一切やめてしまおう

私はむかしからテレビっ子でしたので、いまのように自分の生活のなかからテレビがなくなるなんて想像さえしたことがありませんでした。しかしポジティブな言語情報からポジティブな思考と実践への誘導をはじめて、テレビを自分の生活空間のなかに置くのを完全にやめてしまいました。

おかげさまで現在テレビに気持ちが向くことで、勉強時間が割かれてしまうことが一切ありません。意識的に意図してテレビを生活空間から放り出す試みに成功したというよりも、フランスの薬学者エミール・クーエの提唱した言語による意識的な誘導自己暗示の実践に取り組んでいるうちに自然とテレビがない生活に至りました。

「ニュース番組くらいは見ておく必要があるかもしれない」と思っていた自分が、いまはもういません。テレビでは一般の娯楽番組はもちろんのこと、ニュース番組やドラマあるいは教養番組でさえネガティブな視点から番組内容を構成しています。

気がついてみるとネガティブな思考や発想を自分にもたらし、自分の前向きな行動にリミッターをかけていた最大の要素がテレビだったように思います。

勉強に本気になって、一度テレビをご家庭から手放してみてください。１つが変わると、すべてが変わります。

63 スマートフォンなどの携帯端末を、強力な学習ツールとして活用しよう

携帯電話が勉強の妨げになるという議論が、よく学校現場でなされます。携帯電話は大半の学校や塾で保護者や親御さんとの帰宅時の連絡用ツールとして、生徒が所持することが認められてきました。携帯電話の時代からスマートフォンの時代に移行しても、家族や友達との連絡やコミュニケーションに携帯端末が欠かせない状況は変わりません。

たしかに勉強に必要のない情報に流されてしまううちは、携帯端末が勉強にとってネガティブに見えてしまうものです。

しかしさまざまな学習用アプリが開発されるなかで、勉強道具としてスマートフォンなどを利用できる可能性が日増しに高まっています。

勉強は紙ベースでするのが、最も効果的です。読んで書いて覚えて演習するという勉強の一連の手順は、紙の上でこそ最も捗る学習スタイルです。この学習スタイルをベースにした上で、補助的な学習教材として携帯端末を効果的に自分の学習スタイルに取り入れていきましょう。

英語の学習場面を想定すると、スマートフォン向けの英単語の暗記やリスニングの訓練に役に立つ学習アプリがすでに数多く発売されていて簡単にダウンロードが可能です。評価の定まってきたアプリも多いですので、自分の学習計画に合わせて利用してみましょう。

64　娯楽のための娯楽にお別れし、文武両道を志そう

文武両道は教育の1つの理想であり、スポーツと勉強とを両立させることが大切です。この2つは実は簡単に両立可能ですが、多くの人がこの両立が不可能だと悩んでいます。

では文武両道の実現を困難にしている最大の要因は、いったい何でしょうか？

答えは娯楽目的だけに終始した娯楽のための娯楽というべき、テレビ、ゲーム、インターネットなどの二次元世界のエンターテインメントです。現実世界での生産性にまったくむすびつかない娯楽のための娯楽とお別れし、時間の消費が単なる浪費に終わらない生産的な活動に取り組むことが大切です。

勉強にオフの時間を、よりポジティブなものにする発想をもつことが大切です。勉強にオンの時間にポジティブな知的な生産活動に取り組み、勉強にオフの時間も身体的あるいは人間形成の観点からポジティブな生産活動に取り組んでいきましょう。

オフの時間が、何の生産性にもつながらないようなネガティブな時間になっていないかどうかを吟味することが重要です。するべきことがありながら単にテレビを何となく見ているだけの時間だとか、心に勉強への不安を抱えながらゲームやネットに興じている時間は精神衛生上不健康ですので、いますぐ生活習慣から断ち切ることです。

65 ノートづくりにこだわって、ポジティブに勉強成果をアップさせよう

勉強のノートづくりがうまい人は、勉強の成果も上がっています。ノートがきれいであるのはもちろんのこと、情報の配列が適切で反復して学習する際に楽しい気分になるようなノートづくりをするとよいでしょう。

勉強のノートづくりがうまいということは、いったい何を意味するのでしょうか？　それは、勉強のアウトプットがうまいということを意味しています。アウトプットを前提にして頭のなかに知識を入れているということであり、頭のなかで一旦情報が整理されてアウトプットがなされているということです。

情報の配列がバラバラで見た目にきれいでないノートをつくっている人は、実際頭のなかの情報もバラバラに配列されていて整理できていないものです。きれいなノートは余白の取り方も適切で、紙面全体に余裕が感じられるものです。

行間や余白が一杯いっぱいで字面も汚く見えるノートをとっている人は、そのノート自体が勉強に余裕をもって取り組めていないことをあらわしています。ポイントが明確ではっきりマーカーやチェックが入っているノートをつくることができる人は、中心情報と周辺情報の整理ができていて要点から外れない学習に成功しているわけです。

66 勉強の逆転プロセスから、ポジティブに可能性を広げて理解を深めよう

勉強では、「わかる」と「できる」とは違います。また、「できる」と「実際にやる」というのも違います。理解のレベルと可能性のレベルとの区別、そして可能性のレベルと実践のレベルとの違いを意識していきましょう。

ポイントになるのは、もちろん実践です。具体的な行動が自分に身についてはじめて学習の成果があったといえるのであって、実践レベルからの視点をもつことで学習の成果はぐんぐんと伸びていきます。

研究と訓練の2つの関係を、どのような仕方で結んでいくかということが大切です。「わかる」から「できる」に至るプロセスが研究段階で、「実際にやる」から「できる」に至るプロセスが訓練段階です。偶然「できる」を必ず「できる」にしていく訓練のプロセスを大切にして、自分の学習成果が効果的に発揮できるように自分を鍛えていきましょう。

「わかる」から「できる」へ、「できる」から「実際にやる」へ。現実には、この一通りのプロセスで満足している人が多いです。「実際にやる」から「できる」へ、「できる」から本当に「わかる」へ。この逆転プロセスが、学習を本当に自分の血肉にする本物の勉強です。

実践的な訓練にポジティブに取り組んで、勉強のレベルをどんどん高めましょう。

67　ポジティブ勉強術の合い言葉は、"Learning by doing"

時間的にも分量的にも、いきなりたくさんの勉強をしなければならない状況はたしかにストレスです。そのストレスを喜びの感情に変えるのが、"Learning by doing"つまり「しながら学ぶ」姿勢です。

1日に30分も勉強していない基本的な学習習慣がついていない人が、いきなり1日3時間勉強することを強要されるとストレスフルです。しかし習慣づけには時間がかかるかもしれませんが、勉強をする自分に変化には一瞬あると十分です。まず実践で、勉強をやってみることからスタートします。

勉強をする自分へ変化させ、そのポジティブな変化を継続していくことです。継続こそが、力です。では、勉強をする自分を継続していく秘訣は何でしょうか。それは、「勉強って楽しい」「勉強って面白い」と口に出して発言していく習慣づけです。

多くの人が、言葉のもつ力を実際には軽んじています。ポジティブに「勉強って楽しい」といってみてから勉強をはじめてみようとすすめても、「勉強きらい」と平気で口にします。自分の発言によってネガティブな意味づけをなされた行為に、自分がストレスを感じるのは当然。勉強に肯定的な、ポジティブな発言を「しながら学ぶ」ことが大切なのです。

68 世間の熱湯もぬるま湯も冷や水も、ポジティブに楽しんでいこう

勉強にポジティブな生活をはじめると、「世間って本当にぬるま湯だなあ」と感じる局面が生まれます。実際に社会に出ると世の中には理不尽なことがたくさんあって、勉強生活にあるうちに厳しい経験を自分に課して自分を鍛えることが大切という人も大勢います。世間ってぬるま湯なのか熱湯なのか冷や水なのか、見方によってさまざまです。

私はお風呂が大好きで、近所の銭湯や郊外のスーパー銭湯にいったり遠出して温泉につかったりします。風呂好きがわかっていること、それはぬるま湯も熱湯も冷や水も全部気持ちいいという事実です。要はそこにつかっている当事者の意識の問題です。

ポジティブに勉強に取り組んでいる人は、このあらゆる局面を渡り歩いて楽しんでいるイメージです。非常に高いレベルで自分を鍛えている勉強の局面もあるし、ぬるま湯も楽しんでゆとりを感じながら勉強に取り組んでいることもあります。

ある局面にこだわったり偏ったりしないのがポジティブです。というのはあらゆる局面が自分の勉強にはプラスになるからで、すべて学習者には楽しむことができる要素が見出せるからです。ぬるま湯では「教える勉強」をしてみたり、熱湯や冷や水では「教わる勉強」をしてみたりして楽しんでいるのがポジティブに勉強を進める人の基本姿勢です。

69　勉強を開始する時間を、つねに「いまから」の意識設定にしよう

自分の勉強の開始時刻を明確に定めて、それを習慣的に実施できている人は現実にはまれです。学校の時間割のような学習計画を自分単独で実現できるほど、人は自分に規則正しさを求めることはなかなかできないものです。

情熱と規律とは、本質的に異なります。時間に注目して「何時何分に勉強を開始する」と規則を設けて、勉強を習慣づけることは実際には困難かもしれません。むしろ時間への意識よりも空間への意識のなかで自分の勉強に規律を設けたほうが、ポジティブな勉強への取り組みにつながります。

「ここは勉強する場所」との意識づけは、ポジティブです。

あえて時間への意識のなかで勉強の習慣づけを行う場合でも、明確な時間設定よりも時間帯で幅を設けて勉強への取り組みを計画したほうが自然にストレスなく学習に取り組むことができるでしょう。「時間にゆとりがあるから、いま勉強しよう」との肯定的でポジティブな意識から勉強の行動を起こしたほうが、内容のある学習活動につながります。

規律も大切、そして情熱も大切。情熱的な取り組みというのは、つねに「いまから」の意識をともなうものです。自分がいまそこにいる現場から、何か勉強をはじめていく実践に取り組んでいくことが大切なのです。

70　身体レベルの実践を意識した勉強こそ、効果的

勉強で努力を積み重ねて成果が出ないケースのほとんどが、勉強の場面でインプットとアウトプットとが分離していることに由来します。

勉強の実践では、暗記がすべてではないのはいうまでもありません。演習で実際に自分の頭と手をつかって、何かを導き出す行動が大切です。

研究と訓練は、区別されるものです。研究から得られた知識も、実践で応用していくには訓練が必要です。漢字が「読める」というのと、漢字が「書ける」というのとは異なります。いずれも知識レベルで漢字を「知っている」ことが問われていますが、「読める」と「書ける」とでは実践レベルで取り組むべき課題の可能性の内実が異なっているのです。

視覚的な知識として知っているということと、聴覚的な知識として知っているということも異なります。英文の読解はできるが英文のリスニングはさっぱりダメという場合、自分の勉強の課題を達成するために必要な実践が何なのかが明確にわかると思います。

学習というのは本質的に身体的なもので、身体に覚え込ませる要素がつよいです。身体的な表現行動につながってこそ、本当に勉強になったといえる種類の学習もあります。身体的にアウトプットできるかどうかを意識して、勉強の成果を上げていきましょう。

71 まずは5分の学習活動に取り組んでみよう

時間はあっても勉強にやる気が出ないというときには、「まずは5分」だけ何かを勉強してみましょう。実際に行動を起こすことが大切なので、「まずは5分」やってみる習慣づけを自分に身に付けていきましょう。

とりあえず5分だけというときには、復習内容の勉強に取り組むとよいでしょう。すんなりとスムーズに進めることのできる勉強が、その後の新しい自分の勉強を促進していきます。簡単に取り組める習慣化された学習の効用は、別の学習に新規に取り組む際の呼び水としても効果的なのです。

復習することで自分の学習内容がより確実なものになると同時に、新しい学習内容についても確かな理解を得る方向で自分の学習の可能性が高まります。

たとえ5分のものであっても、一旦習慣化された学習スタイルの効用には大きなものがあることを知りましょう。

習慣化とは、継続化ということです。

「まずは5分」「いまから5分」の意識で勉強に取り組んでいく姿勢を身につけるために、実際に「まず5分やろう」と自分で口にして机に向かうとよいでしょう。

自分の発言が、ポジティブな学習活動を生み出すのを実感していきましょう。

72　知識のアウトプットで、学習内容の定着を図ろう

知識のインプットだけで、自分の勉強した知識を自分の頭のなかに定着させることは困難です。知識のアウトプットを同時に行うことが、知識のインプットと定着を容易にする最高の実践です。自分が学習で得た知識はポジティブにアウトプットして、自分のなかで定着するように心がけましょう。

インプットされただけの知識では、実際につかえる知識として自分のなかで定着しているかどうかがあいまいなままです。あいまいな土台の上にさらにあいまいな知識を積み上げていっても、自分の成長は心許ないのが実際です。

知識のアウトプットが、自分の理解の程度を明確化します。誰か他の人に自分の学習内容を、ポジティブに話しましょう。他人が見て聞いて理解できる内容になっていてはじめて、自分が勉強した内容が自分のなかで明確に定着していると考えるのが適切です。

問題とその解法を誰か他の人に教える実践では、解法プロセスの根拠づけを明確にしていく必要があります。他の人が理解できるよう、根拠となる基礎知識の再確認に効果的です。

わかっている前提が本当にわかっているのかどうか、自分に問いかける実践が自分をよりよく鍛え上げていくでしょう。

73　基礎を確実にして、応用につなげていこう

応用レベルの勉強にいきなり取り組むよりも、基礎レベルの勉強から着実に積み重ねていくほうがポジティブです。難しく見える課題も、基礎的な知識や考え方の組み合わせから成り立っているものです。

勉強では100パーセントの達成度を求められる局面は、そんなに多くありません。各種検定試験の勉強や大学受験の勉強の場合で考えても、得点的にはトータルで七割取ると合格する場合がほとんどです。ポジティブ勉強術では七対三程度でポジティブな局面が多く実現することを目指しますので、まずは基礎的な取り組みの充実を目標にしましょう。

基礎を徹底して学ぶことで、その学習内容が応用の利くものになるのです。演習や類題に繰り返し取り組むことで、実際に基礎を応用に適用する能力が伸びていきます。基礎から応用へという、学習順序の原則を崩さないことが大切です。

応用から入ることで基礎が見えてくるということをいう人がいるかもしれませんが、それは基礎を徹底して習得した後からいえる話なのです。実際には、教科書などの基礎的なテキストを徹底してマスターするには一定の時間が必要です。基礎の習得に必要な時間を無視して、次のステップに強引に進むことはかえって遠回りになることを知りましょう。

74　ポジティブに、あらゆることに好奇心のつよい人になろう

　ポジティブに勉強することの意義は、どこにあるでしょうか。豊かな価値観をもち広く深い世界観をもった人に、自分自身を成長させていきましょう。広く多くの人に、喜びと幸せを与えることができる人に自分を成長させていきましょう。小さな自分の殻に閉じこもる人ではなく、大きく自分を開いていくことのできる人に成長することが大切です。

　あらゆることに興味や関心をもって、「何でも見てやろう」という姿勢で勉強に取り組むことが大切です。時としてこだわりが大切な局面もありますが、自分の興味はこれだけだと偏った見方に陥るよりは広くいろいろなことに関心を持ったほうがポジティブです。

　多くの興味や好奇心からたくさんの知識を得ることが、他の勉強の局面で活きるということがあります。多くの興味や関心からより多くの友人知人を得ることができて、つねに自分を新たな刺激に触れている状態にすることも可能になります。

　自分の勉強につねに新たな可能性を生み出す意味からも、視点を多様にシフトして物事を眺め直す実践が大切です。自分のもつ物の見方のバイアスを自覚することができる機会や、自分が自覚できていない観点を得ることができる機会が大切です。自分の視点を変えるチャンスを、自分の好奇心をつよくすることでどんどん獲得していきましょう。

75　演習と訓練による学習の習慣化と定着が、失敗の発生を防止する

注意力散漫で集中力が不足していたので、ケアレスミスをよくするというネガティブな言いわけがなされる場合があります。しかし勉強についていうと集中力や注意力の欠如は、ネガティブな言いわけの根拠にはなりません。

実際のところ勉強でしてしまう失敗の大半は、理解が浅いか演習が足りないかのどちらかです。つまり研究と訓練の欠如と不足に、ケアレスミスの原因はあると見たほうが適切な場合が多いのです。

ケアレスミスの多くは注意力の欠如であるというより、学習行動の習慣化と定着が不足していると考えたほうが適切です。先生に「どうするとケアレスミスがなくなりますか?」とたずねた場合に、「演習を繰り返してケアレスミスをなくすようにするしかない」という返答が返ってくるでしょう。これには、もっともな道理があるのです。

注意して見ていないということは、注意して問題に取り組む習慣が身についていないのです。

ふだんから誠心誠意で心を込めた勉強の実践ができていないから、自分は失敗を繰り返していると理解するのが適切です。習慣的に取り組む学習を大切にすることで、「いま」している「この勉強」にどこまでもポジティブに打ち込んでいきましょう。

76 勉強を基礎に戻ってやり直すことは、楽しいこと

実は勉強が進んでいくと、勉強がどんどんはかどっていきます。ふつう人は勉強が進むと難易度が上がるから、勉強ははかどらなくなると思いがちです。しかし実際はその逆で基礎の積み重ねがしっかりなされて勉強のプロセスで深い理解ができていると、勉強が進んでいくにつれてどんどん勉強に勢いが生まれていきます。

難しいことができるのに簡単なことでつまずく場面も見られるというケースでは、この基礎の積み残しという課題が発生しているかもしれません。基礎の積み残しこそ本当の自分が解消すべき課題であることを自覚し、ポジティブに基礎レベルの学習にもう一度取り組んでいく姿勢が大切です。基礎ですから楽しんで取り組んで、一気に問題解消です。

「もう一度最初から」基礎に取り組むが重要であるということは、教わる側よりも教える側のほうがつよく意識しています。教える側の人はつねに最初から教える場面に触れていますので、自分が教わる側だったときいかに理解が浅かったか自覚できているからです。

勉強を学んでいる側になると、先に進むことばかりに意識が向きがちです。達成されていないことは先にあって、それをマスターすると成績が伸びると思っています。未達成のことは実はこれまでのプロセスにあると気がつくと、トータル学力が飛躍的に伸びます。

77　課題に取り組んで、その証拠の印を残していこう

勉強の課題に取り組んで、自分の勉強の足跡をポジティブに残していきましょう。自分がしっかり取り組めたところに○をつけて、答えを見て理解した中途半端なところには△、まったく歯が立たないところは後からもう一度しっかりやるとよいでしょう。

勉強にポジティブな勢いを生み出すためにも、もう一度しっかりやるときには○や△の印がついたところも含めて、すべてもう一度やってみる実践が大切です。ポジティブにできていたところの理解がより深まり、できていなかったところがポジティブにできるようになる可能性が高まります。

ネガティブにできていなかったところだけ注目させて、それだけ解消するだけでも成績上昇には十分とする意見があるかもしれません。

ポジティブ勉強術では100パーセントの完成が達成されていないところでは、できているところも含めて「もう一度最初から」勉強の実践を重ねることをおススメします。

インプットだけで理解できていると思い込むことを防ぎ、アウトプットも含めたしっかりした理解がともなう勉強の実践がポジティブです。

必ず自分でノートに書き出してみる取り組みだけで、自分の理解度の程度ははっきりするものです。

78 受験や資格試験に取り組むときには、最初に「合格する」と決めよう

勝負は、勝つと決めて取り組んだ人が勝ちます。ですから、受験や資格試験など合否がはっきりする勉強に取り組むときには、まず「必ず合格するぞ」と決意していきましょう。取り組みの最初の思いがいい加減なものでは、最終の結果もいい加減なものになってしまいます。ポジティブな思いが、ポジティブな行動とポジティブな結果を約束するのです。

合格するために必要な学習習慣は、何でしょうか？　そして、その習慣を自分に定着させるためにはどうするとよいのでしょうか？　合否がある勉強への取り組みでは、最初の決意で自分の学習に必要な何かへの見え方がまったく違うものになります。

将来の自分の到達レベルに応じて、自分が学習に使用するツールが変わってきますし自分の身を置くべき学習環境も変わってきます。その1つひとつをはっきりさせるのは最初の決意ですから、その後の勉強への取り組みが楽しいものになるか辛いものになるかも最初の合格への決意にかかっているといえるでしょう。

人は自分でしっかりと思いをかため取り組んだことには、誰しも楽しみながら取り組んでいけるものなのです。前向きにポジティブに勝ち続ける取り組みを実践し、時には「負けるが勝ち」でも「最後に笑う者が最もよく笑う」と言い放っていきましょう。

79　勉強のサポーターを適切に選んでいくのがポジティブ

自分のタイプや性格にあった学習指導をしてくださるサポーターが、自分の身近にいることほど心強いことはありません。勉強のサポーターを適切に選んで、身近で指導をしていただくことがポジティブです。

自分の性格に合わせるといっても、それは決して甘えた関係のことを意味するのではありません。自分を鍛え成長させていくという観点から、指導のタイプや性格が合うサポーターを身近に置くことです。自分が勉強を進めていく上で、ちょうどよいペースメーカーになってくださるサポーターがよいでしょう。

サポーターが学校の先生や塾の先生である場合、適切にコミュニケーションが取れることがまずは必要です。自己実現のプロセスで自分を主人公にしてくださる、励ましのプロが側にいてくださることほど勉強生活でありがたいことはないといってよいでしょう。

勉強で成長していくには、決して背伸びしすぎない姿勢が大切です。身内も自分自身も思い入れがつよすぎて、ちょうどよい適切な勉強の加減がつかめていないかもしれません。勉強では「ちょっとだけ背伸びしてみる」「一歩前進」の積み重ねという観点が欠かせません。

自分の個性に合わせて、加減を調整してくださるサポーターを見極めましょう。

80　ポジティブに母集団を意識し、自分のレベルを相対的に把握しよう

「井の中の蛙大海を知らず」との言葉があるように、限られた集団のなかで取り組む勉強では自分が本来取り組むべき勉強の範囲がまだ十分に見えていない可能性があります。

「できる、できる」とポジティブに発言して、自分の勉学の活動領域を広げていくほうがよいとは思いませんか。

自分が自分の課題として取り組んでいる勉強について、同じ志を抱く人が全国に何人いるでしょうか？　そのなかで自分の取り組みの価値は、どれだけのものがあるといえるでしょうか？

自分の実践を絶対視して、「自分はできているはず」と思い込ませるだけではかえってネガティブです。

「自分はたしかにやっている、自分はたしかにできている、だからもっともっとできるはず」と発想することが大切です。

現状で「自分はできているはず」との思い込みをつくり上げるのではなく、「いまできているので将来に向けてもっとできるはず」と発想していきましょう。

自分の学力レベルを絶対評価するのではなく、トータルの母集団のなかで相対評価することです。トータルポジティブの発想は、広い視野から生まれることを意識しましょう。

81　実力アップに必要なのは、学習の習慣づけと学力が定着するまでの時間

勉強の実力アップに最も大切なのは、自分の学習能力でしょうか？　あるいは方法や努力、環境などの要素でしょうか？　勉強の実力アップに最も必要とされる要素は、学習の習慣づけに成功できるかどうかということです。

学習の習慣づけを実現するために「できない、できない」「ムリムリ」とネガティブな発言を、一切やめましょう。勉強が「できない」という人は、「できない」という言葉で自分が勉強の「できない」人間であると思い込ませようとしているように思えます。徹底した「できる」発言で、自分を勉強にポジティブな人格へとセルフコントロールしましょう。

次に勉強の実力アップに必要な要素は、何でしょうか？

それは学習の習慣化を通して、学力が自分に定着するまでの時間です。ポジティブな言葉を通して、勉強にポジティブな自分に変化することは一瞬で可能です。問題は継続で、勉強の習慣づけと学力の定着には時間が必要です。

ですから、自分の学習目標の実現のためには、まず自分の言語管理が必要です。そして適切なプラン立てのなかで、着実に自分の目標を実現するために勉強時間を管理し確保していく姿勢と実践を身に付けていきましょう。

82 勉強も人間的な営みなので、相性を考えよう

勉強は機械的な作業ではなく、人間的な営みです。ですから、勉強にも相性というものがあって、すんなりポジティブに理解が深まる勉強もありますし、なかなか自分とはタイプが合わない勉強があるのも実際です。

「自分にとっては何か違うなあ」とネガティブに違和感を感じる勉強を無理して進めていくよりも、「自分に何かマッチする」ものを感じる勉強をポジティブに進めていったほうがよいでしょう。ポジティブに自分と相性が合う勉強に取り組むことは、未来に向けて考えるとよりいっそう勉強の成果がスムーズにあらわれていくことにつながります。

人からどれほどよりいっそう上を目指して勉強するようにいわれても、自分の思いがそれについていかないとネガティブな結果が生まれるものです。自分のポジティブな思いがどこにあるのかをつかむことで、より効果的な学習活動に取り組みましょう。

「嫌でもしなければならない」という思いはストレスそのものでネガティブなのですが、「嫌なとこそしなければならないことだ」と主張なさる方も多いです。自分の主観では嫌なことでも、自分をポジティブに変えることで好きになってしまいましょう。自分を変えることは実は容易なことですから、勉強を好きになってやり抜く姿勢がポジティブです。

83 最初は、必ず達成可能な取り組みから実践していこう

「できる、できる」と、何ごとにもポジティブな自分を養成していくことが大切です。

自分をポジティブに成長させる目的のもとに、意図して実際にまずは達成可能なできることから取り組んでいくことです。

自分の成長を導く容易な実践を意図して勉強の初期段階で取り入れていくことが、自分の勉強へのポジティブな取り組みな習慣を引き出していきます。

最初にこけてしまうのと、最初からスイスイ事が運ぶのとでは実際大違いだといってよいでしょう。何ごとも最初は達成可能な取り組みから始めるのが大原則です。達成可能のレベルを明確にするために、「できる、できる」で目の前の課題に全力で取り組んでみましょう。

勉強の習慣化には、着実さと確実さが必要です。着実に積み重ねられたことがどれほどになるか、あるいは確実にできることをどれだけ身につけることができているかが課題です。勉強に必要な時間を確保し、この2つに磨きをかけていくことがポジティブです。

奇跡を呼び起こすのは、着実に積み重ねられた勉強の経験を自分がどれだけ獲得できているかが問題です。結果や成果につながる実践に確実に取り組むなかで、5年、10年前には思いが及びもしなかった境地の自分へと到達していくことはまさに奇跡的です。

84　自分の勉強の入口と出口の両方を、ポジティブに意識しよう

勉強に取り組んでいく際には、自分が取り組む勉強の入口と出口の両方をしっかり意識しましょう。ポジティブに1つの見極めをもって、目的観のある勉強に取り組んでいく姿勢がポジティブです。何も考えずにただダラダラと勉強を進めることなんて、ふつうの感覚で出来るわけがないって思いませんか？

自分がどの程度の取り組みから勉強を開始していくかを考えて取り組み、自分の勉強の発展プロセスをポジティブに想像していきましょう。最初はのんびりしたように見える取り組みでも、一向にかまいません。

勉強を進めていくプロセスで伸び伸びやるイメージを抱くのもよいでしょうし、スパルタ式に鍛え上げていくイメージをもつのもよいでしょう。自分がどういったレベルに自分の勉強の取り組みを落とし込んでいくのか、プロセスの進捗状況とともに想像することが大切なのです。

このことは、自分がどういう人間に成長していきたいかを考えることにつながる課題です。

勉強で自分が成長していく取り組みは、5年後、10年後の自分を見越して長期的な目標のもとに短・中期的な課題設定を行っていくようにしましょう。

85 勉強をすることで実現を目指す自分の目標のモデルを、実際に見出してみよう

勉強を本格的に進めて、将来は専門分野の研究職につこうというイメージを抱いた場合を考えてみましょう。この場合、イメージをより具体化するためにも、実際に大学などの研究機関に足を運んで実際の大学の先生の仕事の様子などを見学させていただくのがポジティブです。

イメージと現実の擦り合わせをポジティブに行っていくなかで、自分が本当に目指したい自分の将来像のイメージが抱けていくものです。

意欲的に勉強に取り組んでいくためにも、リアルな現場に目標へのプロセスで積極的に触れていく必要があります。

どのような立場にある人でも、華やかな表舞台と目に見えないところの努力との乖離があるものです。ポジティブとネガティブの両方を踏まえて、だいたい七対三程度でトータルポジティブな見え方のする立場に自分を成長させていく姿勢がちょうどよいといえるでしょう。

勉強で理想を追い求めて、１００パーセントの努力をするのは当然。ただ努力の成果のほうは七対三程度で落ち着くくらいで、現実には成功です。

多角的に物事を見て勉強での自己実現に取り組む態度が、現実的に満足のいく成果を上げていくといえるでしょう。

86　興味のある情報は、ポジティブな読書から得る習慣づけを行おう

読書量と勉強への意欲は比例する関係にありますので、学習意欲を高めるためにもどんどん読書を重ねていきましょう。

自分が興味のある情報は、積極的な読書から得ていくことです。テレビやインターネットから得られた情報って、なかなか自分の身につきにくいって思いませんか。

私は常時五冊ほど、カバンのなかに本を携行しています。本当に興味関心があることについては、紙媒体で情報を得ていきます。自分が得た情報に深みをもたせていこうとすると、やはり本から情報を得て考えを深めていくのが一番ではないでしょうか。

テレビから得る情報が本当に勉強になるかという問題について、一度考えてみましょう。テレビからの情報と本からの情報とで、決定的に違う要素は何でしょうか。

それは自分の頭のなかで情報がフィードバックされる回数と、提供される情報の質の問題とであると思われます。提供された情報に粘りをつくれるかどうかが、ここでは問題です。

本から得られる情報は紙面上で繰り返し自分の意識に上ることで、自分のなかで質的に転換するものです。

よりポジティブな情報に触れて、自分の読書を価値的に転換していきましょう。

87　本を音読することで、ポジティブに自分に情報を定着させていこう

本から得られる情報に粘りをもたせるためにも、音読は欠かせません。

視覚言語と聴覚言語では、聴覚言語に意識が向きやすい傾向があります。ふと向こうから何か大きな物音が聞こえると、自然と意識がそちらに向かう様を思い起こしてみましょう。

読書で視覚的に得た情報をしっかりと自分で使える情報として身につけていくためには、音読を重ねることで聴覚的な側面からも自分の頭のなかに言語情報を与え続ける必要があります。

視覚的な注意だけではどれほど集中してみても、情報の飛ばし読みが発生して一連の情報のつながりが認識し切れていないケースが自分に発生しているとみるとよいでしょう。

視覚的に得られた情報に聴覚的な粘りが与えられるかどうか、しっかり読書に取り組むことをおススメします。

聴覚言語からの情報は、視覚言語からの情報より自分の直接的な感情に結びつきやすい傾向をもちます。情報は理性的に頭のなかで処理するだけでは不十分で、感情に訴えかける情動的な要素をともなった情報のほうが記憶に残りやすいものです。

意図して自分で音読する習慣づけで、自分にしっかり情報を身につける実践ができるのは読書なのです。

88　研究と訓練を区別し、ポジティブに訓練を欠かさずやろう

勉強に取り組んでいくなかで、自分の課題を研究することが大切です。勉強というと研究だと思って、理論についての理解を深めようと偏りがちです。理論に加えて、実践のレベルの訓練をどれだけ取り入れられるかを考えていくことも必要です。

試験をともなう勉強では、スピードが求められる場面があります。数学では、計算力の有無が試験のできに直接関わりをもってきます。英語や国語などでも、訓練をして問題を解くスピードが問われる場合があります。スピードは訓練によって養われるものですから、それぞれの教科について日ごろの演習を意識的に取り入れる必要があります。

勉強の場面で研究というとき、扱われている事柄そのものの理解を深めるということだけではありません。その事柄を実際に自分の身につけていくのに必要な訓練はいったいどのくらいなのかを分析することもまた、そこでは研究する必要があるのです。

テキパキと作業をこなすかのように、訓練を重ねて自分を成長させていきましょう。理解して実践することと、実践の場数を重ねていくことが大切です。数学では計算力のアップに計算問題をこなしていき、実践のレベルが上がるにつれて問題そのもののレベルも上げていくことです。成功とは、成長です。自分の成長ほど、楽しいことはありません。

89 勉強に集中できる場所は、勉強部屋だけとは限らない

なかなか集中して勉強できる場所がないので困っているとか、勉強にふさわしい環境をどのように確保するとよいかという問題の解決法はないのでしょうか？　このような問題には実際勉強に取り組む人は、みんな悩まされています。それでは勉強に集中するのによい場所は、いったいどのようなところにあるでしょうか？

勉強に最も集中できる場所は、勉強以外にすることがない場所です。他のことに自分の気が散っていかない学習環境をつくることで、勉強をどんどんはかどらせることができます。自分の勉強部屋や書斎、図書館だけが最高の学習環境というわけではないのです。

人によってはトイレで読書するのが、一番集中力が増すという人もいるでしょう。電車のなかで英語のリスニング練習するのが、一番発生内容に注意していくことができるという人もいるでしょう。静かさが増すほど自分の集中力が増すというわけでは､必ずしもありません。ポジティブさは、七対三程度でネガティブも混じったほうが逆につよまります。

意識して他の選択肢を取らないことで、勉強への集中力がかえって増していくような学習環境づくりが大切なのです。意図して何かを避ける選択が、実際に選んだ学習行動への自分の意識をつよめます。

90 みんなと同じように勉強で成長することに、プライドをもとう

勉強ができないとカッコ悪いのでプライドで勉強するというのは、まだまだ小さなプライドです。自分だけがみんなが到達するレベルについていけないと恥ずかしいという思いも、小さい自分です。より大きな自分へと成長するために、プライドのもち方を変化させていきましょう。

いっしょに勉強をしていくことのできる友達や仲間が周囲にいるということは、誇りをもってよいことです。お互いがお互いを高め合う関係で、さらなる向上心をもってポジティブに勉強に向かう姿勢がカッコいいのです。みんなと互いに切磋琢磨し、それぞれが各人の成功を目指していくことがより大きくプライドをもつことにつながります。

どの勉強ができるかというのは、あくまで各個人の個性です。個人が自分の「できない」という部分に意識を集中してしまって、それをカッコ悪さというネガティブ評価に向けてしまう事態は避けるほうがよいでしょう。

各人の個性がそれぞれに自分の「できる」分野へポジティブに意識を集中し、それぞれを相互に評価し高め合うことがプラスの好循環を生み出します。

お互いが自分たちの実践を疑わず、「思ったことは実現する」体験を積み重ねることで大きなパワーが生まれます。

91　勉強の成果が自分でコントロールできることを、実感していこう

自分の行動の結果で何かが起きることを実感としてつかんでいる人は、勉強の取り組みにもスムーズに入っていけます。スポーツや文化の領域で活躍することのできる人が、勉強でも著しい成果を上げることは決して珍しいことではありません。

何かに継続して取り組み、計画的に成果を上げていく経験をポジティブに積み重ねていきましょう。勉強以外のことでも、かまいません

継続と計画の重要性を、実感としてまずは感じ取っていくことです。1つの分野で感じ取ることのできた体験は、別の分野でも必ず活きます。

与えられたことをネガティブに受け止めず、ポジティブにすべて確実にやり遂げていきましょう。誰しも勉強に向けて自主性や自発性が、最初から身についているものではありません。自主的に勉強する姿勢というのは、かえって教育されて身につけるものです。ですから、最初のうちは与えられ教育されることに、ポジティブに取り組む姿勢が大切です。

確実にやり遂げると必ず結果につながる経験を積んできた人は、「結果はすべて自分しだいでなんとかなる」という発想が身についています。勉自分で自由自在に学習活動をコントロールしていくために、ポジティブな言葉を意図的に口にしていきましょう。

92 サポーターと波長が合うと思い込むと、どんどん勉強の成果が上がる

塾や学校の先生などの勉強のサポーターと自分の波長がぴったり合うと、勉強がはかどりぐんぐん成績が伸びていきます。人間関係ですので合う合わないがあるのが当然と思いがちですが、本当にこの思い込みに根拠はあるのでしょうか？

「あの人とは波長が合う」とか「この人とは波長が合わない」とかもっともな理屈をつけて語ったところで、実はその思い込みには根拠はありません。波長の合う合わないは、あくまでその人の主観によるもの。主観とは、つまり単なる思い込みです。

これは人の抱く主観を批判しているのでは、決してありません。むしろその主観のもつポジティブな側面に注目したほうが、勉強でよい成果が得られるといっているのです。勉強で成果が得られない理由の大半は、自分が取り組むべき勉強にネガティブな思い込みによるバイアスがかかっていることによります。

勉強のサポーターとの人間関係は、その典型的な例の1つです。人間関係を徹底的に肯定して受け止めていく習慣づけで、誰とでも「波長が合う」自分に簡単になることができます。自分から「先生とは本当に波長が合いますね」と、スマイルで言い放ってしまいましょう。ポジティブな発言が関係を好転させ、すべてがスイスイ運ぶようになります。

93　単なる暗記作業であっても、作業そのものが勉強への興奮を呼び起こす

ただたんに知識を頭のなかに叩き込むだけの知識偏重教育は、つねに教育的には批判の的になります。実際の教育場面では、知識を頭にねじ込む暗記作業が頻繁に行われています。

むしろ暗記作業に取り組んで多くの知識事項を暗記しているときほど、興奮して勉強した気分になるものだとは思いませんか？

勉強に乗り気ではなかった自分も、実際に暗記作業をはじめると気持ちが盛り上がってくるものです。時間を忘れて暗記作業に取り組み、苦しみよりもむしろ楽しんでたくさんの知識を取り込んで爽やかな快感を感じたことはないでしょうか？

漢字検定対策だということで、小学校や中学校のときに漢字の練習をどんどん作業的にやらされたことはありませんか？　やらされているはずの作業が次第に自分の気持ちの高揚につながって、気がつくと結構勉強ができていたという経験は誰しもあるものです。

勉強に前向きな感情は、自分が実際に手を動かし目や耳で情報を感じ取りながら、感覚的に呼び起こしていくものです。

たんなる作業から得られる興奮というものがありますので、むしろ作業に徹することができる勉強の習慣づけをすることで勉強がはかどるということがあるのです。

94　朝の学習を習慣づけよう

ポジティブ勉強術を続けていると、どんどん日常の生活が朝型に変化していきます。不思議なことに、意識的に夜から朝へ生活習慣をシフトしようとの意識が働きはじめます。夜にしていた仕事や作業も、どんどん朝へ朝へと「早く済ませよう」との意識に変わっていき、行動がはやくなるので本当にそのようになっていくんです。

「あれができていないので、まだ寝られない」ということがなくなってきて、「あれもこれももう終わっているので、とっとと眠って続きは朝にしよう」という行動に変化していきます。

「朝の学習なんてムリムリ」とか「そんなのできない」とか発言せず、「できる、できる」「なんとかなるさ」と言っているうちに、いまの私、実は早朝4時半起床なのです。地下鉄の始発に乗って、職場近くの6時オープンのカフェに行きたいので、だんだんとそうなるように行動していって本当にそうなったのです。

テレビ見ないと、寝るのが早いんですよね。夜10時には「もう寝よう」という意識になるんです。そして、本当に寝ちゃうんですよね。

セルフサジェスションのおかげさまで、体調も滅多なことでは崩さない爽やか健康生活が、本当に実現してますね。感謝。

95 スキマ時間をうまく活用する意識へ

日常の生活でスキマになっている時間、ボーっとしている時間。

ポジティブ勉強術に取り組むと、こういう空き時間をどのように活用するかということがつねに意識にのぼるようになってきます。

「この時間は、この勉強ができるかも」

そんな前向きな時間の使い方を考えていこうという意識が、自分の頭のなかでつねに支配的になっていきます。

1日1日がドラマティックに展開し、時間が過ぎていくのがとにかく早いこと、早いこと。ポジティブ思考に取り組みはじめてから、まもなく4年が経とうとしている現在。

「時は金なり」と言われる本当の意味が、実感として感じられる毎日です。

たとえば、ちょっと電車に乗っている時間。

座席に座れると「本を開いて勉強してみよう」と思うし、立ってつり革を握るときは「イヤフォーンをして英語のリスニングに集中しよう」という気持ちになります。

座席に座れたときには、愛用のMacBook Airを開いて日ごろの考えをアウトプットしていることもしばしばで、「無駄になっている時間を始末しよう」とばかり考えます。

96　あらゆるアドバイスを前向きに解釈する

ポジティブ勉強術に取り組むことで、これまでネガティブに解釈していたサポーターのアドバイスが次第にポジティブなものへと転換されていきます。

勉強については、人の評価を気にせず、自分がどれだけやれたかで判断するのがよいとおっしゃる方もいらっしゃいます。

たしかに、他人の評価よりも自分の自己評価を重視していく考え方も1つです。

ただ、それがひとりよがりな考え方になって、自分の解釈にあくまで固執するだけの状態になると、かえって勉強を進める上でマイナスに働くのも事実です。

「こだわらず、とらわれず、かたよらず」

人から評価やアドバイスを頂戴したときは柔軟な思考で対応し、「このお言葉をプラスに解釈すると、自分だとどういう言葉で表せるかな」と、表現の仕方の問題へと発想をシフトしてみることです。

ポジティブ思考の習慣化とは、世のなかのあらゆる言葉の表現を自分の柔軟な発想でプラスに変えてみることで、ポジティブな解釈へとつなげていくことに最も重要なポイントがあるのです。

【参考文献】（本文中で取り上げたもの）

『ＡＫＢ48中学英語』（学研教育出版）２０１１年
ロバート・ヒルキ／ポール・ワーデン／ヒロ前田共著『新 TOEIC®テスト直前の技術―スコアが上がりやすい順に学ぶ』（アルク）２００６年
和田秀樹著『受験は要領』（ごまブックス）１９８７年
『英検準1級　文で覚える単熟語　三訂版』（旺文社）２０１３年
TEX 加藤著『新 TOEIC®TEST　出る単特急　金のフレーズ』（朝日新聞出版）２０１２年
百川怜央著『ポジティブ思考』（セルバ出版）２０１２年
『TOEIC®テスト完全ガイド　TOEIC®７３０点を獲る方法』（晋遊舎）２０１４年
『TOEIC®テスト新公式問題集　Vol.5』（国際ビジネスコミュニケーション協会）２０１２年
天満嗣雄著『2カ月で攻略 TOEIC®テスト９００点！』（アルク）２０１３年
嬉野克也著『オンライン英会話の教科書』（国際語学社）２０１３年
デビッド・セイン著『ネイティブが教える TOEIC®テストシンプル勉強法』（アスコム）２０１１年

著者略歴

百川　怜央（ももかわ　れお）Leo Momokawa

ポジティブ作家。兵庫県生まれ。新神戸在住。
ポジティブ・シンキングの研究と実践に取り組み、その成果を著述活動およびセミナー活動などで一般向けに紹介。趣味は読書、映画鑑賞、語学学習（英語・ドイツ語）など。1年で26キロダイエットに成功した経験がある。
著書に『ポジティブ思考－自分を高める言葉と行動』『1分で身につく「ポジティブ力」－あなたを成功に導く言葉とスキル』『ポジティブ思考になる10の法則－たった1分で人生が変わる黄金の言葉』（セルバ出版）。

ポジティブ勉強術－TOEIC® テスト半年で100点以上アップを実証！

2014年11月18日　初版発行

著　者　百川　怜央　©Leo　Momokawa
発行人　森　　忠順
発行所　株式会社 セルバ出版
〒113-0034
東京都文京区湯島1丁目12番6号 高関ビル5B
☎ 03（5812）1178　　FAX 03（5812）1188
http://www.seluba.co.jp/
発　売　株式会社 創英社／三省堂書店
〒101-0051
東京都千代田区神田神保町1丁目1番地
☎ 03（3291）2295　　FAX 03（3292）7687

印刷・製本　モリモト印刷株式会社

●本書の内容に関する質問はFAXでお願いします。

Printed in JAPAN
ISBN978-4-86367-180-5